La Biblia y su mensaje
Curso Básico de la Escuela de Liderazgo

Iglesia del Nazareno

Región Mesoamérica

Silvia Fernández

La Biblia y su mensaje

Libro de la serie "Escuela de Liderazgo"
Curso Básico

Autora: Silvia Fernández

Edición: Dra. Mónica Mastronardi de Fernández
Revisor: Dr. Rubén E. Fernández

Material producido por EDUCACIÓN Y DESARROLLO PASTORAL de la Iglesia del Nazareno,
Región Mesoamérica - www.edunaz.org
Dirección postal: Apdo. 3977 – 1000 San José, Costa Rica, América Central.
Teléfono (506) 2285-0432 / 0423 - Email: EL@mesoamericaregion.org

Publica y distribuye Asociación Región Mesoamérica
Av. 12 de Octubre Plaza Victoria Locales 5 y 6
Pueblo Nuevo Hato Pintado, Ciudad de Panamá
Tel. (507) 203-3541
E-mail: literatura@mesoamericaregion.org

Copyright © 2017 - Derechos reservados
Queda prohibida la reproducción parcial o total, por cualquier medio,
sin el permiso escrito de Educación y Desarrollo Pastoral de la Iglesia del Nazareno,
Región Mesoamérica. www.mesoamericaregion.org

Todas las citas son tomadas de la Nueva Versión Internacional 1999
por la Sociedad Bíblica Internacional, a menos que se indique lo contrario.

Diseño de portada: Juan Manuel Fernández (www.juanfernandez.ga)
Imagen de portada por Yaniv Golan
Utilizada con permiso (Creative Commons).

Impresión digital

Índice de las lecciones

Lección 1	El canon bíblico	9
Lección 2	El Pentateuco	17
Lección 3	Los libros históricos y poéticos	25
Lección 4	Los profetas	33
Lección 5	Introducción al Nuevo Testamento	41
Lección 6	Los Evangelios y los Hechos	49
Lección 7	Las Epístolas de Pablo	57
Lección 8	Las Epístolas Generales y Apocalípsis	65

Presentación

La serie de libros **Escuela de Liderazgo** ha sido diseñada con el propósito de proveer una herramienta a la iglesia para la formación, capacitación y entrenamiento de sus miembros a fin de integrarlos activamente al servicio cristiano conforme a los dones y el llamado (vocación) que han recibido de su Señor.

Cada uno de los libros provee el material de estudio para un curso del programa **Escuela de Liderazgo** que es ofrecido por las Instituciones Teológicas de la Región Mesoamérica de la Iglesia del Nazareno. Éstas son: IBN (Cobán, Guatemala); STN (Ciudad de Guatemala); SENAMEX (Ciudad de México) y SENDAS (San José, Costa Rica); SND (Santo Domingo, República Dominicana) y SETENAC (La Habana, Cuba). Un buen número de los y las líderes de estas instituciones (rectores, directores, vicerrectores y directores de estudios descentralizados) participaron activamente en el diseño del programa.

La **Escuela de Liderazgo** cuenta con cinco Cursos Básicos, comunes a todos los ministerios, y seis Cursos Especializados para cada ministerio, al final de los cuales la Institución Teológica respectiva le otorga al estudiante un certificado (o diploma) en Ministerio Especializado.

El objetivo general de la **Escuela de Liderazgo** es: "Colaborar con la iglesia local en el equipamiento de los "santos para la obra del ministerio" cimentando en ellos un conocimiento bíblico teológico sólido y desarrollándolos en el ejercicio de sus dones para el servicio en su congregación local y en la sociedad." Los objetivos específicos de este programa son tres:

- Desarrollar los dones del ministerio de la congregación local.
- Multiplicar ministerios de servicio en la iglesia y la comunidad.
- Despertar la vocación al ministerio profesional diversificado.

Agradecemos a la Dra. Mónica Mastronardi de Fernández por su dedicación como Editora General del proyecto, a los Coordinadores Regionales de Ministerios y al equipo de escritores y diseñadores que colaboraron en este proyecto. Agradecemos de igual manera a los profesores y profesoras que compartirán estos materiales. Ellos y ellas harán la diferencia en las vidas de miles de personas a lo largo y ancho de Mesoamérica.

Finalmente, no podemos dejar de agradecer al Dr. L. Carlos Sáenz, Director Regional MAR, por su respaldo permanente en esta tarea, fruto de su convicción de la necesidad prioritaria de una iglesia equipada de manera integral.

Oramos por la bendición de Dios para todos los discípulos y todas las discípulas cuyas vidas y servicio cristiano serán enriquecidos por estos libros.

Dr. Rubén E. Fernández
Coordinador de Educación y Desarrollo Pastoral
Región Mesoamérica

¿Qué es la Escuela de Liderazgo?

Escuela de Liderazgo es un programa de educación para laicos en las diferentes especialidades ministeriales para involucrarlos en la misión de la iglesia local. Este programa es administrado por las Instituciones Teológicas de la Iglesia del Nazareno en la Región Mesoamérica e impartido tanto en sus sedes como en las iglesias locales inscriptas.

¿Para quiénes es la Escuela de Liderazgo?

Para todos los miembros en plena comunión de las iglesias del nazareno quienes habiendo participado en los niveles B y C del programa de discipulado, desean de todo corazón descubrir sus dones y servir a Dios en su obra.

Plan ABCDE

Para contribuir a la formación integral de los miembros de sus iglesias, la Iglesia del Nazareno de la Región Mesoamérica ha adoptado el plan de discipulado ABCDE, y desde el año 2001 ha iniciado la publicación de materiales para cada uno de estos niveles. La Escuela de Liderazgo corresponde al Nivel D del plan de discipulado ABCDE y ha sido diseñada para aquellos que ya han pasado por los anteriores niveles de discipulado.

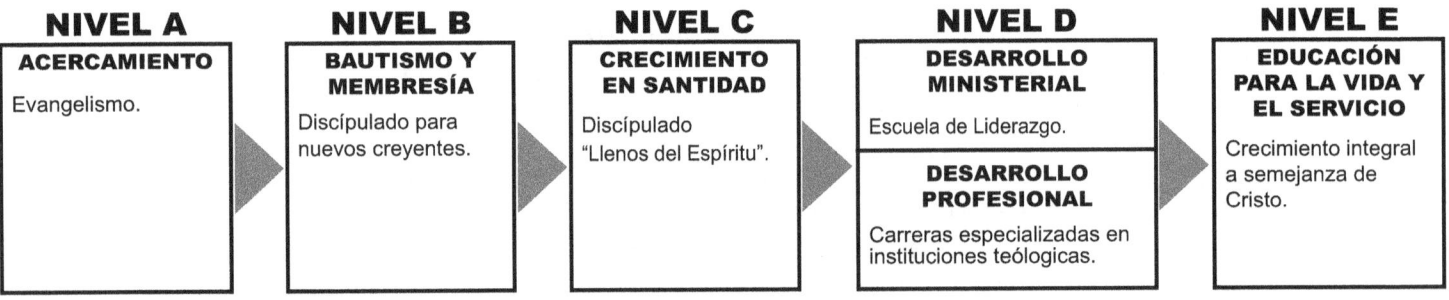

En la Iglesia del Nazareno creemos que hacer discípulos a imagen de Cristo en las naciones es el fundamento de la obra misional de la Iglesia y responsabilidad de su liderazgo (Efesios 4:7-16). La labor de discipulado es continua y dinámica, es decir el discípulo nunca deja de crecer a semejanza de su Señor. Este proceso de crecimiento, cuando es saludable, ocurre en todas dimensiones: en la dimensión individual (crecimiento espiritual), en la dimensión corporativa (incorporación a la congregación), en la dimensión santidad de vida (transformación progresiva de nuestro ser y hacer conforme al modelo de Jesucristo) y en la dimensión servicio (invertir la vida en el ministerio).

Dra. Mónica Mastronardi de Fernández
Editora General Libros de Escuela de Liderazgo

¿Cómo usar este libro?

Este libro que tiene en sus manos es para el curso introductorio: Descubriendo mi Vocación en Cristo, del programa Escuela de Liderazgo. El objetivo de este curso es ayudar a los miembros de las iglesias del Nazareno a descubrir sus dones y su llamado ministerial, y al mismo tiempo animarlos a matricularse en la Escuela de Liderazgo a fin de capacitarse para servir al Señor en su iglesia local.

¿Cómo están organizados los contenidos de este libro?

Cada una de las ocho lecciones de este libro contiene lo siguiente:

> ➤ **Objetivos:** estos son los objetivos de aprendizaje que se espera que el alumno alcance al terminar el estudio de la lección.
>
> ➤ **Ideas Principales:** Es un resumen de las enseñanzas claves de la lección.
>
> ➤ **Desarrollo de la lección:** Esta es la sección más extensa pues es el desarrollo de los contenidos de la lección. Estas lecciones se han escrito pensando en que el libro es el maestro, por lo que su contenido se expresa en forma dinámica, en lenguaje sencillo y conectado con las ideas del mundo contemporáneo.
>
> ➤ **Notas y comentarios:** Los cuadros al margen tienen el propósito de aclarar términos y proveer notas que complementan o amplían el contenido de la lección.
>
> ➤ **Preguntas:** En ocasiones se incluyen preguntas al margen que el profesor puede usar para introducir, aplicar o reforzar un tema de la lección.
>
> ➤ **¿Qué aprendimos?:** En un recuadro que aparece al final del desarrollo de la lección se provee un resumen breve de lo aprendido en la misma.
>
> ➤ **Actividades:** Esta es una página al final de cada lección que contiene actividades de aprendizaje individuales o grupales relativas al tema estudiado. El tiempo estimado para su realización en clase es de 20 minutos.
>
> ➤ **Evaluación final del curso:** Esta es una hoja inserta en la última página del libro y que una vez completada el alumno debe separar del libro y entregar a profesor del curso. La duración estimada para esta actividad de reforzamiento final es de 15 minutos.

¿Cuánto dura el curso?

Este libro ha sido diseñado para que el curso pueda enseñarse en diferentes modalidades:

<u>Como curso de 8 sesiones:</u>

En total se requieren 12 horas de clase presencial repartidas en 8 sesiones de 90 minutos. Los días y horarios serán coordinados por cada Institución Teológica y cada iglesia o centro local de estudios. Dentro de esta hora y media el profesor o la profesora debe incluir el tiempo para las actividades contenidas en el libro.

<u>Como taller de 3 sesiones:</u>

- Sesión plenaria de 90 minutos (lección 1).
- Seis talleres de 90 minutos cada uno. Los participantes asisten a uno de estos talleres conforme a sus dones más fuertes (lecciones 2 a 7).

- Última plenaria de 90 minutos (lección 8).

Ejemplo de cómo distribuir el tiempo para taller de un sábado:

Taller: Descubra su vocación en Cristo

8:00 am	Inscripción
8:30 a 10:00 am	Plenaria: Descubre tus dones espirituales
10:00 a 10:30 am	Receso
10:30 a 12:00 am	Talleres sobre Especialidades Ministeriales
12:00 a 1:00 pm	Almuerzo
1:00 a 2:30 pm	Plenaria ¿Cuál es mi función en el Cuerpo de Cristo?
2:30 a 3:00 pm	Receso
3:00 a 4:00 pm	Presentación de Escuela de Liderazgo y Prematrícula para Cursos Básicos

¿Cuál es el rol del alumno?

El alumno es responsable de:

1. Matricularse a tiempo en el curso.
2. Adquirir el libro y estudiar cada lección antes de la clase presencial.
3. Asistir puntualmente a las clases presenciales.
4. Participar en las actividades en clase.
5. Participar en la práctica ministerial en la iglesia local fuera de clase.
6. Completar la evaluación final y entregarla al profesor.

¿Cuál es el rol del profesor del curso?

Los profesores y las profesoras para los cursos de Escuela de Liderazgo son pastores/as y laicos comprometidos con la misión y ministerio de la Iglesia y de preferencia que cuentan con experiencia en el ministerio que enseñan. Ellos son invitados por el/la Director/a de Escuela de Liderazgo de la iglesia local (o Institución Teológica) y sus funciones son:

1. Prepararse con anterioridad estudiando el contenido del libro y programando el uso del tiempo en la clase. Al estudiar la lección debe tener a mano la Biblia y un diccionario. Aunque en las lecciones se usa un vocabulario sencillo, se recomienda "traducir" lo que se considere difícil de entender a los alumnos y alumnas, o sea, poner la lección en el lenguaje que ellos y ellas comprenden mejor.

2. Velar para que los/as alumnos/as estudien el material del libro y alcancen los objetivos de aprendizaje.

3. Planear y acompañar a los estudiantes en las actividades de práctica ministerial. Estas actividades deben programarse y calendarizarse junto al pastor local y el/la director/a del ministerio respectivo. Para estas actividades no debe descontarse tiempo a las clases presenciales.

4. Llevar al día la asistencia y las calificaciones en el formulario de Informe de clase. El promedio final será el resultado de lo demostrado por el/la estudiante en las siguientes actividades:

a. Trabajo en clase

b. Participación en la práctica ministerial fuera de clase.

c. Evaluación final

5. Recoger las hojas de "Evaluación", entregarlas junto al formulario "Informe de clase" al finalizar el curso al/ a la director/a de Escuela de Liderazgo local, esto después de evaluar, cerrar los promedios y verificar que todos los datos estén completos en el formulario.

6. Los profesores y las profesoras no deben agregar tareas de estudio o lecturas aparte del contenido del libro. Si deben ser creativos/as en el diseño de actividades de aprendizaje en clase y en planear actividades ministeriales fuera de clase conforme a la realidad de su iglesia local y su contexto.

¿Cómo enseñar una clase?

Se recomienda usar los 90 minutos de cada clase presencial de la siguiente manera:

- **5 minutos:** Enlace con el tema de la lección anterior y orar juntos.

- **30 minutos:** Repaso y discusión del desarrollo de la lección. Se recomienda usar un bosquejo impreso, pizarra o cartulina u otro disponible, usar dinámicas de aprendizaje y medios visuales como gráficos, dibujos, objetos, láminas, preguntas, asignar a los alumnos que presenten partes de la lección, etc. No se recomienda usar el discurso o que el maestro lea nuevamente el contenido de la lección.

- **5 minutos:** Receso ya sea en el medio de la clase o cuando sea conveniente hacer un corte.

- **20 minutos:** Trabajo en las actividades del libro. Esto puede realizarse al inicio, en el medio o al final del repaso, o bien se pueden ir completando actividades a medida que avanzan en los temas y conforme éstas se relacionan con los mismos.

- **20 minutos:** Discusión sobre la práctica ministerial que hicieron y que tendrán. Al inicio del curso se deberá presentar a los estudiantes el calendario de la práctica del curso para que ellos hagan los arreglos para poder asistir. En las clases donde se hable sobre la práctica que ya hicieron, la conversación debe ser dirigida para que los alumnos compartan lo que aprendieron; tanto de sus aciertos, como de sus errores, así como de las dificultades que se presentaron.

- **10 minutos:** Oración por los asuntos surgidos de la práctica (desafíos, personas, problemas, metas, agradecimiento por los resultados, entre otros).

¿Cómo hacer la evaluación final del curso?

Asigne 15 minutos de tiempo a los y las estudiantes en la última clase del curso. Si fuera necesario ellos y ellas pueden consultar sus libros y Biblias. Las evaluaciones finales se han diseñado para ser una actividad de reforzamiento de lo aprendido en el curso y no una repetición memorística de los contenidos del libro. Lo que se propone con esta evaluación es medir la comprensión y la valoración del estudiante hacia los temas tratados, su crecimiento espiritual, su progreso en el compromiso con la misión de la iglesia local y su avance en experiencia ministerial.

Actividades de práctica ministerial

Las siguientes son actividades sugeridas para la práctica ministerial fuera de clase. En la lista abajo se incluyen varias ideas para ayudar a los profesores, pastores, director de Escuela de Liderazgo local y directores locales de ministerio. De ellas se puede escoger las que más se adapten a la realidad contextual y el ministerio de la iglesia local o bien pueden ser reemplazadas por otras conforme a las necesidades y posibilidades.

Se recomienda tener no menos de tres actividades ministeriales por curso. Puede poner a toda la clase a trabajar en un mismo proyecto o asignar tareas en grupos según sus intereses, dones y habilidades. Es recomendable involucrar a los alumnos y alumnas en una variedad de experiencias ministeriales que sean nuevas para ellos y ellas.

Actividades ministeriales sugeridas para La Biblia y su mensaje

1. Integrar a los estudiantes en un comité de trabajo para organizar un culto o actividad especial de celebración del mes de la Biblia (setiembre).

2. Distribuir a los estudiantes en las células, grupos de discipulado y/o clases de Escuela Dominical, cultos juveniles, entre otros, para dar una clase sobre la formación del canon bíblico u otro tema estudiado en el curso.

3. Organizar un día de distribución de Biblias o Nuevos Testamentos en Colegios, hospitales u otra institución de la comunidad. Buscar la colaboración de diferentes organizaciones como Sociedades Bíblicas o Gedeones Internacionales.

4. Organizar una feria de maquetas construídas por los alumnos de la clase donde se ilustre la historia bíblica. Por ejemplo: La ruta de Abraham hasta Canán; la ruta de Israel de Egipto a Canán; el Tabernáculo, el arca, el Templo de Jerusalem, los viajes de Pablo, los viajes de Jesús, entre otros.

5. Que los estudiantes organicen un esgrima bíblico basado en un libro pequeño de la Biblia o en algunos capítulos de un libro, para niños, adolescentes o jóvenes.

6. Conseguir o diseñar láminas con dibujos de historias bíblicas para decorar las aulas de Escuela Dominical.

7. Preparar dramatizaciones o teatro con títeres sobre historias bíblicas para algún culto o Escuela Dominical.

8. Que los alumnos organicen un concurso para niños o jóvenes para memorizar los nombres de los 66 libros de la Biblia en el orden que aparecen.

9. Organizar una conferencia sobre La Biblia y el aborto, o Jesús y la mujer, u otro tema de interés, para invitar a la gente de la comunidad. Pueden invitar a un profesor del seminario u otra persona preparada en el tema. Sería bueno aprovechar la ocasión para iniciar grupos de estudio bíblico con los interesados.

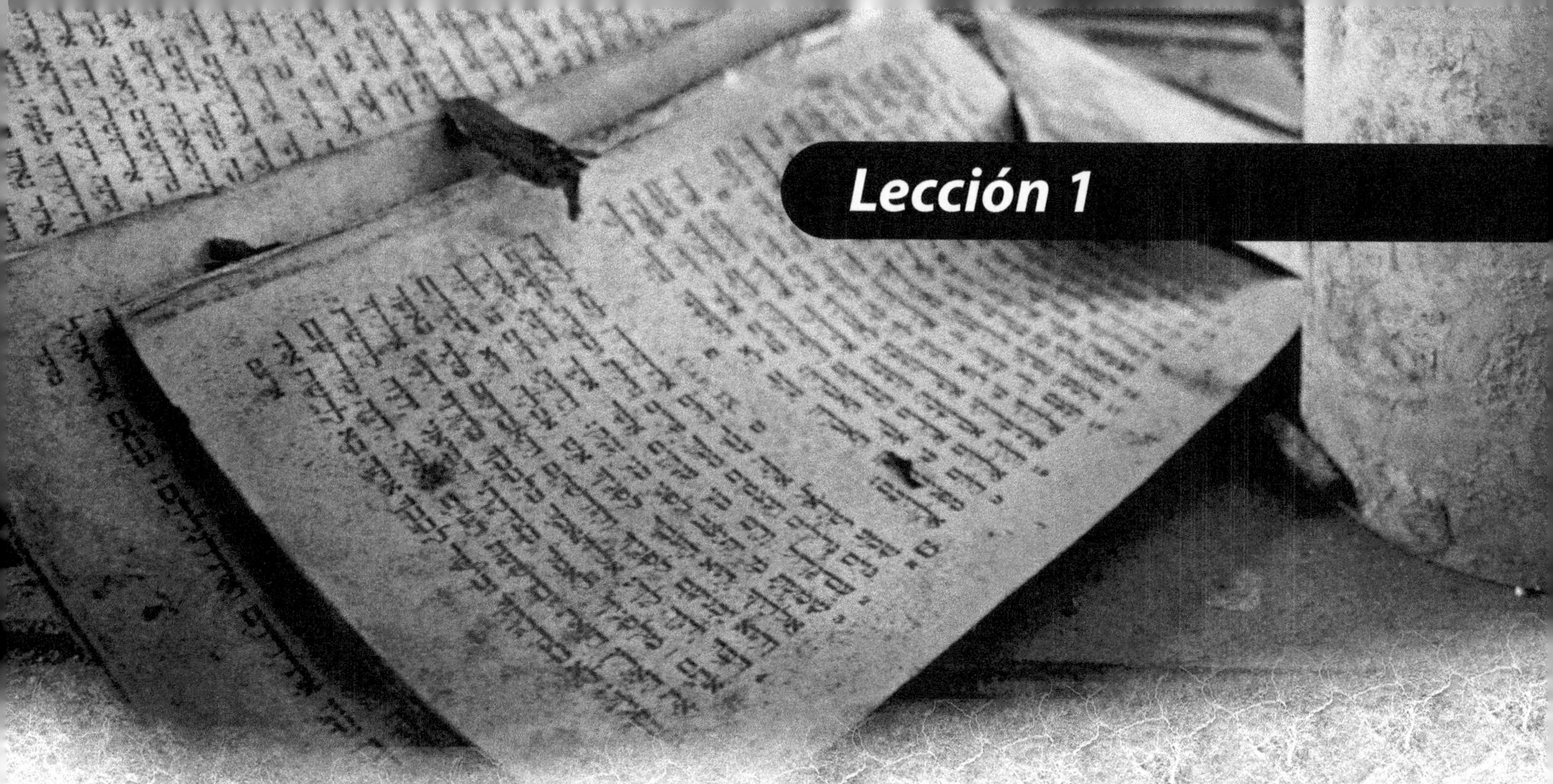

Lección 1

EL CANON BÍBLICO

Objetivos

- Conocer cómo se formó la Biblia.
- Valorar el canon bíblico.
- Comprender en qué consiste la inspiración de las Escrituras.

Ideas Principales

- Canon significa: vara para medir, una regla, norma o medida y se refiere al método utilizado para seleccionar los libros de la Biblia.
- Canónico significa: todo el contenido de las Escrituras o los libros que componen la Biblia.

Canon: "Palabra que se utiliza restrictivamente para señalar los libros o escrituras que son aceptados como inspirados por Dios" (Nuevo Diccionario de la Biblia Unilit, 1992). Al acto de declarar un libro dentro del canon bíblico se le denomina canonización.

La Biblia fue escrita en un período de 1.400 años y por más de 40 autores, de diferentes épocas y lugares. Entre ellos hay profetas, ganaderos, pescadores, reyes, poetas, músicos, médicos, ministros de gobierno, entre otros.

Introducción

La palabra canon deriva del griego *"kanon"* y, probablemente del hebreo "kane", que significa "algo para medir" o una "regla, norma o medida" que determina los libros que fueron inspirados por el Espíritu Santo.

En el lenguaje bíblico "canónico" significa todo el contenido de las Escrituras; es decir, la colección de libros que componen la Biblia y que han sido reconocidos oficialmente por la Iglesia, como libros "inspirados" por el Espíritu Santo.

Formación del canon del Antiguo Testamento

La colección de libros del Antiguo Testamento fue elaborada por los judíos.

La selección de los libros que hoy conforman el Antiguo Testamento fue un proceso largo y complejo realizado por el pueblo de Israel. La colección elaborada por los judíos y la Biblia de los cristianos, se diferencian en que algunos libros aparecen unificados (dos o más). Por ese motivo la Biblia hebrea cuenta con 24 libros y el Antiguo Testamento cristiano con 39.

Los libros que conforman el Antiguo Testamento se seleccionaron de acuerdo a los siguientes requisitos:

Idioma: El libro debía haberse escrito en idioma hebreo.

Edad: Todo libro escrito después del año 400 antes de Cristo fue rechazado, ya que los judíos consideraban que después de esa fecha terminó el tiempo de los profetas inspirados por Jehová.

Doctrina: Sus enseñanzas no podían estar en contradicción con los libros de La Ley de Moisés (el Pentateuco o cinco primeros libros de la Biblia).

La persona que escribía debía ser reconocida como una autoridad espiritual en el pueblo judío.

La aceptación generalizada del libro y su uso por el pueblo de Israel.

Las fechas acerca de la canonización fueron dos. La primera en el año 400 a. C., donde probablemente Esdras y otros, ordenaron y formaron la colección de los 39 libros del Antiguo Testamento. La segunda fue en el concilio judío de Jamnia, (una ciudad situada 12 millas al sur de Judá), entre el año 70 y el año 90 d.C., en donde se hizo oficial lo que desde mucho antes había sido aceptado.

En ambos casos se rechazaron los libros escritos después del año 400 a. C., y aquellos en los cuales el autor había usado un pseudónimo o el nombre de otra persona para identificarse (libros seudoepígrafos), debido a que no se podía comprobar quién había sido el autor.

Los libros apócrifos

La palabra apócrifo significa algo que está oculto o escondido. Su significado más amplio es, de valor incierto o de inspiración dudable. En nuestro idioma español la palabra apócrifo significa "algo que es sospechoso de ser falso". En todo caso este término señala que los libros no tienen base para considerarse como inspirados por el Espíritu Santo.

Algunos de estos libros se han incluido en la Biblia aceptada por la Iglesia Católico Romana, pero no por las Iglesias Protestantes, como ser: Tobías, Judit, Baruc, La Historia de Susana, La oración de Manasés, 1 y 2 de Macabeos, entre otros. Dichos libros no fueron aceptados porque enseñaban a favor del suicidio, de las oraciones por los muertos, del uso de medios malos para obtener fines buenos, de la superstición y la magia.

La Iglesia Católico Romana definió otro canon más largo en el siglo XVI, en el Concilio de Trento (ciudad al Norte de la Italia actual) convocado en contra del movimiento de la Reforma Protestante.

Los manuscritos del Antiguo Testamento

La palabra manuscrito viene del latín *manus* y *scriptus* y significa escrito a mano y también hace referencia a un libro o papel escrito a mano. Los escritores bíblicos escribieron de esta manera sobre diferentes materiales que se usaban en la antigüedad. En la actualidad no se conserva ningún manuscrito original del autor, sino copias de los mismos. Según su material los manuscritos se clasificaban en:

- El rollo hebreo o pergamino: Usado desde los tiempos de los patriarcas hasta los tiempos de Jesús, estaba hecho de pieles de cabra, oveja o ternero cosidas y enrolladas en palos. Era costumbre conservar estos libros enrollados. Un rollo, era una extensa tira hecha de papiro o de piel, la cual se reforzada en los extremos con dos varas que servían para enrollarla.

- El códice griego. Usado desde el siglo IV al XVI d. C. El códice consistía en hojas encuadernadas y cosidas para formar algo similar a un libro. Los primeros códices aparecieron cerca del siglo II, pero fue hasta

---

Los copistas (escribas) de los escritos sagrados, eran los encargados de transcribir los libros y lo hacían con gran cuidado, siguiendo reglas fijas y demostrando gran respeto por la Palabra de Dios. Los manuscritos más antiguos en idioma hebreo que se conservan son los llamados "rollos del mar muerto", encontrados en las cuevas de Qumrán, en el desierto de Judea en el año 1947. Los rollos hallados contienen el libro de Isaías y fragmentos de otros libros del Antiguo Testamento.

*La **Septuaginta** o Biblia de los Setenta, es una traducción de la Biblia Hebrea al idioma griego. Esta es la versión que existía en los tiempos de Jesús y que se cita en algunos libros del Nuevo Testamento.*

***Juan Gutemberg** fue el primero en reproducir la Biblia en imprenta en 1455. Fueron 165 ejemplares en latín.*

Lección 1 - El canon bíblico

el siglo IV cuando se usaron con mayor frecuencia. Se utilizaba por ejemplo el "papiro", que era un papel que se hacía con las fibras de una planta acuática cultivada en el antiguo Egipto. Los rollos o tiras de este papel medían unos 36 cm de largo y 25 cm de ancho.

Las versiones del Antiguo Testamento

La Biblia de los Setenta -conocida también como Septuaginta, es una traducción de la Biblia Hebrea al idioma griego. Según la tradición judía por orden del rey Ptolomeo Filadelfo (284-246 a. C.) el Antiguo Testamento fue traducido por 72 sabios en Alejandría (ciudad en el delta del río Nilo), para la famosa Biblioteca de esa ciudad. Esta es la versión que existía en los tiempos de Jesús y que se cita en algunos libros del Nuevo Testamento.

Formación del canon del Nuevo Testamento

El canon del Nuevo Testamento se terminó en el siglo IV.

Durante el siglo I vivían los apóstoles por lo que las palabras y hechos de Jesús se transmitían en forma oral. La creación del canon del Nuevo Testamento se hizo necesaria cuando estos testigos presenciales fueron muriendo.

Por muchos años la Iglesia cristiana primitiva usó el Antiguo Testamento como su Biblia. Mientras vivieron los apóstoles del Señor (s. I d. C.) no se determinó un canon oficial. Aunque durante su vida y bajo la supervisión de ellos, comenzaron, a formarse colecciones de escritos que las iglesias podían usar. Estos libros o cartas se colocaban a la par del Antiguo Testamento, y eran considerados también como Palabra inspirada por Dios (2 Pedro 1:15; 3:1,2,15,16).

Pero con el tiempo la Iglesia enfrentó ciertos problemas que la impulsaron a acelerar la formación del canon del Nuevo Testamento:

1. La difusión de muchos libros apócrifos, los cuáles eran rechazados por la Iglesia a causa de las doctrinas erróneas que contenían.

Marción (128-374): Cristiano de Asia menor quien influenciado por la doctrina gnóstica enseñó doctrinas distorsionadas, afirmando que el Dios de amor del Nuevo Testamento era diferente al dios vengador y cruel revelado en el Antiguo Testamento. Rechazaban que Jesucristo fuera el cumplimiento de las profecías del Antiguo Testamento. Enseñaban que la materia y el cuerpo son malos y por eso practicaban rigurosas disciplinas y privaciones. Negaron que Cristo tuviera un cuerpo de carne y hueso.

2. La herejía de Marción, que seguía un canon propio. Rechazaba todo el Antiguo Testamento y del Nuevo sólo admitía el evangelio de San Lucas y diez epístolas de Pablo. Su enseñanza estaba basada principalmente en el gnosticismo, una mezcla de diferentes elementos culturales o religiosos provenientes de diferentes regiones: Grecia, Persia, Egipto, Siria, Asia Menor, y otras.

3. La herejía de Montano (montanismo), que añadía nuevos libros al canon de la Iglesia y enseñaba nuevas revelaciones, según ellos, recibidas del Espíritu Santo.

Los libros apócrifos

En el siglo II y posteriores comenzaron a circular ciertos libros que no provenían de los apóstoles. Estos aparecieron por dos razones. Primero, por el deseo que había en los primeros cristianos de tener mayor información o más detalles sobre la vida y ministerio de Jesús y los discípulos. Segundo, por el deseo de algunos de introducir enseñanzas diferentes (herejías) y para ello engañaban a la gente diciendo que venían de los apóstoles.

Muchos de estos libros apócrifos contienen narraciones de sucesos espectaculares y fantasiosos, fruto de la imaginación. Por ejemplo afirman que Jesús no tenía un cuerpo de carne y hueso, sino que era una aparición, un espíritu (como un fantasma). Otros le daban un lugar de mayor importancia a María, madre de Jesús, que a Jesús mismo; otros enseñaban que había que mantenerse soltero, etc.

En el siguiente cuadro se incluyen algunos de los libros apócrifos que circulaban en el tiempo de la Iglesia Primitiva:

Género	Escritos Apócrifos
Evangelios	Hebreos, Tomás, De los doce Patriarcas y Santiago
Hechos	De Pablo y Tecla, De San Pedro y De Tomás y de Juan
Apocalipsis	De San Pedro
Epístolas	De los Hechos
Otros	La Ascensión de Isaías

*El **Montanismo** fue un movimiento fundado por Montano entre el año 160 y 170, quien se autodenominaba profeta reformador. Afirmaba tener revelaciones directas del Espíritu Santo recibidas en estados de éxtasis. Anunciaba el fin inminente del mundo y animaba a los cristianos a reunirse en cierto lugar a esperar el descenso de la Jerusalén celestial. Practicaban rigurosas disciplinas como ayunos, privación de los placeres, etc.*

Factores en la selección

Entre finales del siglo I y finales del siglo II se hizo paulatinamente la selección y el catálogo de los libros del Nuevo Testamento. A comienzos del siglo II existían líderes cristianos conocidos como "Padres Apostólicos", quienes conocieron en vida a los apóstoles, como Policarpo, Justino Mártir, Papías y Clemente de Roma.

Estos líderes escribieron cartas y tratados doctrinales como El Pastor de Hermes, La Epístola de Bernabé y la Didaché. En estos libros mencionan y usan varias citas de documentos que estaban en poder de las iglesias y que habían sido escritos por los apóstoles y su testimonio era fuente confiable para determinar aquellos libros que eran obras originales de los apóstoles e inspirados por Dios.

Los libros que finalmente fueron aceptados dentro del canon del Nuevo Testamento tenían que cumplir con estos requisitos:

1. **Su origen apostólico**, es decir escrito por uno de los 11 discípulos o por Pablo. Estos habían recibido la responsabilidad y autoridad para liderar a la Iglesia directamente del Señor. Todo lo que provenía de estas personas se aceptaba como enseñanza del mismo Cristo.

2. **Aceptación por las primeras iglesias.** Pablo siempre se preocupó de que sus cartas fueran aceptadas como genuinas, por ello, las firmaba de su propia mano y las enviaba con personas de su confianza que las iglesias conocían (2 Tesalonicenses 3:17). Los Padres Apostólicos enfatizaron esto mismo, verificando que los libros debían haber sido

***Clemente de Roma:** Fue obispo de Roma durante los años 91 a 100 d.C. Compañero de Pablo, Pedro y quizás también conoció a Juan. Se cuenta que padeció el martirio en el tercer año del emperador Trajano por el año 98 a 117.*

***Ignacio de Antioquía:** Es uno de los padres de la iglesia que vivió durante el tiempo de los apóstoles. Fue obispo de la ciudad de Antioquía de Siria. Fue muerto en los inicios del siglo 2.*

Lección 1 - El canon bíblico

> *Los concilios* tenían un papel muy importante, ya que en ellos se trataban asuntos referentes a la toda la Iglesia. En estas reuniones o asambleas los obispos discutían y tomaban decisiones sobre asuntos doctrinales y de disciplina.

> *Agustín de Hipona o San Agustín (354-430)*: teólogo y uno de los Padres de la Iglesia Latina. Presidió varios concilios entre 393 y 419 donde se terminó la selección de los libros del canon del N.T.

Una **versión bíblica** es una traducción palabra por palabra de ella a otro idioma, aunque siempre requiere que se ordene el texto para que tenga sentido en el idioma del lector.

Paráfrasis, es una traducción de la Biblia que no intenta traducir palabra por palabra, sino que amplía el texto tratando de expresar lo que quería decir el autor original, en un estilo más contemporáneo y conversacional, como si el autor estuviera hablando.

> *¿Cuántas Biblias se venden anualmente?*
> Desde su primer impresión, la Biblia ha sido siempre el libro más vendido. En el año 2008 se distribuyeron 578 millones de Biblias en todo el mundo.

recibidos y aceptados por las primeras iglesias como provenientes de un apóstol conocido.

3. **Uniformidad doctrinal.** Los libros debían estar en conformidad con las enseñanzas del Antiguo Testamento y de los apóstoles.

El canon del Nuevo Testamento se terminó en los tiempos de Agustín, con los Concilios de Hipona (393) y de Cartago (397 y 419). En ellos se terminó el canon con 27 libros, verificado luego por el Concilio de Trullo (Constantinopla, 692) y el Concilio Florentino (1441).

Los manuscritos del Nuevo Testamento

1. **El Códice Vaticano.** Algunos eruditos sostienen que este manuscrito fue una de las cincuenta copias de la Biblia encargadas por el emperador Constantino a Egipto, y realizadas en Alejandría o Cesarea. Fue escrito en el siglo IV y fue hallado en la biblioteca del Vaticano en el año 1481, donde todavía se encuentra.

2. **El Códice Sinaítico.** Un manuscrito griego del siglo IV que fue descubierto en 1848 casi de manera casual por un joven alemán llamado Tischendorf, en el monasterio de Santa Catalina del Sinaí. Este códice contiene todo el Nuevo Testamento.

3. **El Códice Beza.** Llamado así por su descubridor Theodore de Beze (Teodoro Beza) Este manuscrito se conservó en el convento de San Ireneo de Lyon, Francia por más de mil años. Beza, sucesor del reformador Juan Calvino sacó este importante manuscrito de dicho convento y lo regaló a la Universidad de Cambridge en el año 1581.

Las versiones del Nuevo Testamento.

Tener el Nuevo Testamento cuando no existía la imprenta, era una gran bendición, pero el problema era que estaba completamente escrito en griego, por lo que los cristianos de otras lenguas no podían leerlo. Así comenzaron a surgir las traducciones a diferentes idiomas. Dos traducciones importantes fueron:

1. **La Siríaca.** Desde Siria, el Evangelio fue llevado hacia Mesopotamia, incluyendo lugares como Damasco, Alepo y Edesa, por lo que en el año 150 comenzó el esfuerzo por traducir el Nuevo Testamento a este idioma tan parecido al hebreo y el arameo.

2. **La Vulgata Latina.** Aunque en la iglesia occidental había prevalecido el griego, el latín comenzó a predominar cerca del año 200. África del Norte, Italia, el sur de Galia y luego España, necesitaban una traducción del Nuevo Testamento en latín. Damaso, obispo de Roma, encargó a Jerónimo (entre los años 390 a 405) traducir la Biblia al latín, lo que llegó a producir la Vulgata Latina, que oficializaría el Concilio de Trento, que se llevó a cabo entre 1545 y 1563.

Las versiones castellanas de la Biblia

En 1569 vio la luz la primera traducción de la Biblia completa al castellano.

Aunque hubo algunos esfuerzos a partir del siglo XIII, la Biblia del Oso, fue la primera Biblia completa en idioma castellano traducida de los originales griego y hebreo publicada en agosto de 1569 en la ciudad alemana de Frankfurt, con un tiraje de 1100 ejemplares.

Esto fue posible gracias al trabajo y la dedicación de Casiodoro de Reina, un monje nacido en 1520 en Sevilla, España, convertido al protestantismo junto a toda la comunidad del convento de San Isiodoro, cuando tenía alrededor de 30 años. Casiodoro quien era elocuente predicador y escritor con la más alta educación de la época tuvo que huir de la persecución religiosa entonces desatada contra los protestantes por el Tribunal del Santo Oficio (Inquisición).

Desde 1559 y hasta 1569 Reina junto a su fiel amigo Cipriano de Valera trabajan en la traducción de la Biblia mientras huyen de ciudad en ciudad. Durante un tiempo se quedan a pastorear en Londres y luego llegan a Alemania donde Reina fallece en febrero de 1594 a los 74 años.

Luego de su muerte, Cipriano perfecciona y publica una nueva versión mejorada y muere a finales del mismo año de 1594. Versiones actualizadas de esta Biblia conocida como Reina Valera son de las más difundidas todavía hoy.

Desde entonces han surgido multitud de versiones en idioma castellano. Muchas de ellas son el resultado del trabajo de Sociedades Bíblicas Unidas con la colaboración de eruditos católicos. Las más difundidas en América Latina son:

1960 Reina Valera
1995 Reina Valera Revisada
2003 Traducción en lenguaje actual
1979 Dios Habla Hoy
1999 Nueva Versión Internacional

Conservación y transmisión de la Biblia

Hasta 2.000 a.C.
- Relatos sueltos transmitidos en forma oral de padres a hijos.
- Se escriben estos relatos.
- Desde la época de Abraham 2.000 a.C. ya había escuelas para aprender a leer y escribir en tablillas de arcilla (Hebreos 9:19).

Desde 2.000 a.C. a 100 d.C.
- Se componen escritos más extensos en hebreo que luego forman un libro, basados en historias orales.
- Se componen nuevos libros en hebreo y arameo (idioma aprendido en Babilonia y que hablaban en tiempos de Jesús). Comienzan a usarse el papiro y los pergaminos.
- En el año 400 a. C., Esdras y otros, ordenaron y formaron la colección de los 39 libros del Antiguo Testamento.
- El concilio judío de Jamnia, entre el año 70 al año 90 d.C, hizo oficial los 39 libros del canon del A.T.
- Comienzan a hacerse copias de los libros en hebreo y griego.

Desde 150 a 1900 d.C.
- Se termina de cerrar el canon del Nuevo Testamento en 27 libros en 419 d.C.
- Invención de la imprenta, se usa el papel, cada copia es igual al original.
- Traducciones a otros idiomas, copias de las traducciones a mano.

Desde 1900 a 2010 d.C.
- Se trata de encontrar y proteger las copias más antiguas.
- Nuevas traducciones a distintos idiomas.

¿QUÉ APRENDIMOS?

La colección de los 66 libros que conforman nuestras Biblias es el resultado del trabajo esforzado y sacrificado de judíos y cristianos fieles a través de la historia, quienes guiados por Espíritu Santo hicieron posible que podamos tener la Palabra de Dios en nuestro propio idioma.

Lección 1 - El canon bíblico

Actividades

Tiempo 20'

INSTRUCCIONES:

1. ¿Qué significa la palabra canon?
___
___
___

2. Enumere los factores que se tomaron en cuenta para la elección de los libros del canon del Antiguo y Nuevo Testamento.
___
___
___
___
___
___
___

3. Con sus propias palabras explique ¿qué se entiende por libros apócrifos?
___
___
___
___
___
___
___

4. En grupos de dos o tres personas escriban dos razones por las cuales consideran importante la labor realizada en la historia de la Iglesia para la formación del canon.
___
___
___
___
___
___

Lección 2

El Pentateuco

Objetivos

- Conocer los aspectos geográficos de Palestina.
- Comprender el mensaje principal de los libros del Pentateuco.
- Valorar la historia de la formación del pueblo de Israel.

Ideas Principales

- El Pentateuco se compone de los libros de Genésis, Éxodo, Levítico, Números y Deuteronomio.
- El Pentateuco narra la historia del obrar de Dios desde la Creación hasta la formación de una nación santa escogida como luz a las naciones.

Introducción

Pentateuco significa "libro en cinco tomos". En nuestra Biblia son los cinco primeros libros del Antiguo Testamento. Los judíos los llamaban "La Ley de Moisés". El Pentateuco narra la historia de la creación y la formación del pueblo de Dios.

Aunque en los libros no menciona su autor, otros libros del Antiguo Testamento afirman que fue Moisés (Josué 1:7-8 y 23:6; Nehemías 8:1; 2 Reyes 14:6). Además se le asignan algunas secciones específicas de dichos libros, como ser Éxodo 17:14 y Deuteronomio 31: 24-26.

El testimonio de Jesús en los evangelios también lo confirma (Juan 5:46; Mateo 19:8 y Lucas 16:31), así como otros libros del Nuevo Testamento que atribuyen a Moisés la autoría del Pentateuco, al referirse a estos libros como la Ley de Moisés (Hechos 13:39).

Moisés tenía la preparación y el conocimiento que lo capacitaban para escribir el Pentateuco. Como hijo adoptivo en la familia del faraón egipcio recibió la mejor educación de la época, escuchó las historias de los orígenes de Israel narradas por los ancianos hebreos y fue testigo presencial de los acontecimientos del Éxodo y el peregrinaje en el desierto.

Ley de Moisés: *Se refiere a los cinco primeros libros de la Biblia, el Pentateuco o la Torah para los judíos. Estos relatan los comienzos de la humanidad y del pueblo de Israel, así como las leyes y normas dadas por Dios a Moisés en el monte Sinaí.*

El Pentateuco

Génesis	*Los comienzos*
Éxodo	*Liberación de Egipto*
Levítico	*Reglas para los levitas (sacerdotes)*
Números	*El censo del pueblo y el período en el desierto*
Deuteronomio	*La repetición de la Ley*

La geografía de Canaán

Palestina se ubica en la actual Palestina.

La tierra de Canaán es el lugar dónde comienza la historia del Pueblo de Israel y se conoce hoy como Palestina. En tiempos del Pentateuco se

Para ubicar los hechos de la historia anterior al nacimiento de Jesús, los historiadores cuentan los años en forma regresiva, es decir "antes de Cristo" y se escribe en forma abreviada como "a. C." y los años después de Cristo "d. C."

Escuela de Liderazgo - La Biblia y su mensaje

extendía desde la ciudad de Dan al norte, hasta la ciudad de Beerseba al sur (Jueces 20:1). Al norte limitaba con el monte Hermón y al sur con el desierto del Neguev, al oeste con el mar Mediterráneo y al este con el valle del río Jordán. Por las características de su territorio Palestina se divide de norte a sur en 4 regiones:

1) **La llanura marítima:** Una franja angosta desde el norte hasta la ciudad de Tiro. Comprende las llanuras de Aser (entre la ciudad de Tiro y el monte Carmelo); la de Sarón (desde el monte Carmelo hasta la ciudad de Jope); y la de Filistea que va desde el río Nilo hasta la ciudad de Gaza.

2) **Los montes occidentales:** Son una serie de cordilleras con una altura de 300 a 600 metros sobre el nivel del mar. Esta área se extiende desde las montañas del Líbano en el norte hasta el desierto del Neguev al Sur. Estas montañas en los tiempos de Jesús se dividieron en tres regiones políticas: Galilea, Samaria y Judá o Judea.

3) **El valle del río Jordán:** Comienza en la ladera occidental del monte Hermón. Recorre 360 km en su camino descendente hasta el Mar Muerto.

4) **Los montes orientales:** Desde el río Jordán hacia el desierto al oeste. En los tiempos de Jesús a esta región se le conocía con el nombre de Decápolis.

La historia desde los orígenes hasta Moisés

El libro de Génesis narra la historia de las primeras familias de Israel

La narración de la historia de la humanidad inicia en Génesis 1. Aunque para los judíos la historia humana comenzó hace 5770 años, los historiadores bíblicos no cuentan con datos que les permitan fechar el tiempo de la creación. Las fechas más antiguas que se han determinado son aproximadas y parten del nacimiento de Abraham en el 2165 a. C. (Nuevo Diccionario de la Biblia, Unilit, 1992).

Dios colocó a Adán y a Eva en el huerto del Edén, un lugar dónde tenían a su disposición todo lo requerido para satisfacer sus necesidades y los puso a cargo de todo lo que Él había creado. También les advirtió que no comieran del árbol del conocimiento del bien y del mal, lo cual desobedecieron dando cabida al pecado en la humanidad (Génesis 3). Con la caída del ser humano, el pecado se extendió rápidamente a las futuras generaciones y los seres humanos perdieron el compañerismo que tenían con el Creador, por lo que Dios decidió ponerle fin a la maldad, destruyendo a las personas y los animales que habitaban en la tierra por medio del diluvio universal. Solamente Noé halló gracia ante los ojos de Dios, por lo que Dios le mandó construir un arca para salvar a su familia y a una pareja de cada especie animal.

Palestina fue la tierra prometida por Dios a Abraham y a su descendencia, por eso recibe también el nombre de "tierra prometida" o "tierra de la promesa" (Génesis 12:1-5).

¿Cuándo ocurrió la creación del mundo según los judíos?
Desde la antigüedad los judíos usan un calendario lunar de 12 meses, que inicia con la creación del mundo, un domingo 7 de octubre del año 3761 a. C. Es un calendario diferente al que nosotros usamos, que es el calendario gregoriano, que inicia a partir del nacimiento de Cristo. Es por eso que, para calcular el tiempo de la creación según los judíos, debemos sumar al año actual, 3760 años. Es decir, si estamos en el 2010 y le sumamos 3760, estaríamos a una distancia de 5770 años desde la creación del mundo.

Sin embargo, el pecado vuelve a surgir en el corazón de los hombres y mujeres. En la ciudad de Babel, Dios castigó la desobediencia de quienes se organizaron para levantar una gran torre, en lugar de distribuirse y poblar la tierra como Dios les había encomendado a los descendientes de Noé (Génesis 10:1-11:9). Dios "confundió sus lenguas" y como resultado tuvieron que dividirse en pueblos según su idioma y se dispersaron por toda la tierra.

En Génesis 11:27 Dios pone en marcha su plan para rescatar a la humanidad de su pecado y restablecerla al compañerismo con su Creador. El Señor establece un pacto con Abraham (15:2; 17:2) en el cual le promete bendición y protección para hacer de él una gran nación y a través de su descendencia, bendecir a todas las familias de la tierra.

Patriarca, *significa "vuestros padres" y hace referencia a los líderes de las primeras familias de Israel como Abraham, Isaac y Jacob. Al tiempo en que ellos vivieron se le conoce como período patriarcal*

Los patriarcas herederos de Abraham y líderes espirituales del pueblo de Israel en sus inicios son Isaac y Jacob. José, era el hijo favorito de Jacob y por celos, sus hermanos mayores lo venden como esclavo a Egipto. Los hermanos mintieron a su padre diciendo que había muerto, pero Dios estuvo con él en medio de muchas experiencias difíciles y finalmente lo lleva a ser gobernador de los egipcios. Luego por medio de una gran sequía y la falta de alimento, los hermanos se reencuentran con José quien los perdona y trae a toda la familia (70 personas) a vivir a Egipto, en la tierra de Gosén. Allí termina el relato en el libro de Génesis.

Etapa histórica	Eventos	Libros del Pentateuco
Proto-Historia: Desde la Creación -sin fecha- hasta Abraham 2165 a. C.	Preámbulo histórico: La Creación, la Caída, Primera Cultura, el Diluvio, la Torre de Babel (Adán, Abel, Enoc, Noé).	Génesis 1-11.
Período Patriarcal de 2165 a 1804 a.C.	Vida de Abraham, Isaac, Jacob, José, Job.	Génesis 12-50, Job
Período del Éxodo de 1804 a 1405 a.C.	Vida de Moisés, el Éxodo, la edificación del Tabernáculo, la Ley, la peregrinación de Israel por el desierto.	Éxodo, Levítico, Números, Deuteronomio.

La historia desde la llegada a Egipto hasta la muerte de Moisés

En los tiempos de Jacob, Egipto era la nación más poderosa del mundo.

Moisés fue llamado por Dios para liberar a Israel de su esclavitud.

Luego de 400 años, los descendientes de Jacob se convirtieron en un pueblo fuerte y numeroso en Egipto. Allí es dónde el libro de Éxodo comienza su relato. Esto causó temor en el faraón, quien temiendo una revolución los somete como esclavos. En medio de estos tiempos duros, Dios envió a Moisés para liberar a Israel y llevarlos a la tierra de Canaán para establecerse como una nación santa y adoradora del único Dios.

Luego de sacarlos de Egipto por medio de hechos milagrosos, Dios guió al pueblo hasta el monte Sinaí donde les dio por medio de Moisés los diez mandamientos e instrucciones para construir el primer templo (el tabernáculo), sobre como organizar la adoración del pueblo y sobre el servicio de los sacerdotes. En el Sinaí, los israelitas cayeron en idolatría, construyendo un becerro de oro. Al verlo Moisés por enojo rompió las tablas de la ley, pero tiempo después, el Señor le dio nuevamente los diez mandamientos y renovó el pacto con Israel.

Al llegar a Cades Dios dijo a Moisés que enviara 12 espías a Canaán para inspeccionar la tierra. Al regresar ellos, sólo dos dieron un reporte positivo: Josué y Caleb. Los demás hablaron de lo imposible que sería instalarse en esa tierra porque sus pobladores eran gente de gran tamaño y fuertes. El pueblo creyó a los diez y se revelaron contra Moisés. Entonces Dios castigó al pueblo por su falta de fe, jurando que ninguno de los nacidos en Egipto entraría en la tierra prometida. Debido a esto el pueblo anduvo por el desierto durante 40 años en los cuales aprendió a adorar y servir al único Dios y a vivir bajo sus leyes.

La historia en el Pentateuco acaba con los discursos finales, la muerte de Moisés y la designación de Josué, como sucesor de Moisés (Deuteronomio 27-34).

Los pactos de Dios con su pueblo

Un pacto es una alianza o acuerdo entre dos partes.

A través de la historia Dios ha establecido pactos con su pueblo en los cuáles se compromete a guardar al pueblo de Israel y por medio de él, proveer un Salvador para todas las naciones. En el Pentateuco se registran los primeros de estos pactos. Algunos de los pactos son condicionales y otros incondicionales. Cuando un pacto es condicional Dios se compromete a cumplir su parte del pacto, siempre y cuando Israel cumpla con su parte. Cuando es incondicional Dios se compromete a cumplir con su parte y no demanda algún cumplimiento de parte de Israel. Los pactos más relevantes:

Pacto con	Cita bíblica	Contenido
Abraham	Génesis 12:1-7	Promesa de bendición a todas las familias de la tierra a través de Abraham y su descendencia.
Israel	Éxodo 20-23	Bendiciones personales prometidas a Israel bajo la condición de la obediencia.

*El libro de **Job** se incluye en el período patriarcal aunque no es parte del Pentateuco, debido a que los historiadores ubican su narración en los tiempos de Abraham, por el año 2000 a. C. aproximadamente.*

Moisés: *Su nombre significa salvado de las aguas. Descendiente de la tribu de Leví. Se le comisionó la tarea de sacar al pueblo de Dios de Egipto, lugar en el que eran oprimidos.*

Tablas de la ley *o tablas del pacto: Losetas de piedra en las que Dios escribió de ambos lados los diez mandamientos (Éxodo 32:15-16). Se guardaban en el arca, dentro del tabernáculo.*

Tabernáculo: Una gran tienda portátil que el pueblo podía transportar. Los artesanos elaboraron la tienda y los utensilios para el culto siguiendo las instrucciones que Dios le dio a Moisés. Era el santuario o morada santa para el Señor, el lugar en el que Dios se le manifestaba al Pueblo en el desierto. Conocido también como tabernáculo de reunión o de testimonio.

Israel	*Deuteronomio 28-30*	La tierra de Palestina prometida a Israel para siempre, pero bajo la condición de la obediencia.
David	*2 Samuel 7:10-16*	El trono de Israel prometido por siempre a los descendientes de David.
Con la humanidad	*Gálatas 3:8*	Salvación disponible para todos por medio de Jesucristo, descendiente de Abraham

Pacto: *Del hebreo "berit", significa acuerdo, tratado o alianza entre dos personas, reyes o naciones.*

Santo: *Del hebreo "qadosh", significa cortar, apartar, implicando que hemos sido cortados o apartados para Dios.*

Levitas: Tribu de Israel descendiente de Leví, hijo de Jacob. Se les asignó el ministerio sacerdotal dentro del pueblo de Israel, posiblemente porque fue la única tribu que no adoró al becerro de oro (Éxodo 32:26-29). No recibieron un territorio, pero se les dio 48 ciudades de Canaán para que habitaran (Josué 21:3-42).

Aspectos literarios

Génesis, Éxodo, Levítico, Números y Deuteronomio son libros históricos

Los cinco libros del Pentateuco pertenecen a la literatura histórica y de derecho, ya que ellos incluyen secciones de texto legislativo (leyes y ordenanzas). A continuación una breve descripción de cada libro:

Génesis, significa principio. Su tema es la obra de Dios en la creación y la salvación. Su propósito es brindar una historia auténtica del principio de la humanidad como creación de Dios, su caída, sus consecuencias de corrupción y juicio, y la introducción al plan de salvación dado por Dios.

Contenido de Génesis

La Creación (1-2)
La caída (3)
La primera civilización (4)
El Diluvio (5-9)
La dispersión de las naciones (10-11)

Abraham (12-25)
Isaac (17-35)
Jacob (25-35)
José (36-50)

Éxodo, significa salida. Su tema es la redención y organización de Israel como pueblo del pacto. El pensamiento central es el rescate o liberación por sangre. Su propósito es narrar la liberación de Israel de su esclavitud en Egipto y su exaltación a un lugar superior como el pueblo escogido del Señor.

Contenido de Éxodo

Israel en cautiverio (1-2)
Israel redimido (3-15)
Israel viajando al Sinaí (15-19)

La ley dada a Israel (19-23)
Israel en adoración (24-40)

El libro de **Levítico** se enfoca en el registro de leyes que pertenecen a los levitas y al servicio en el tabernáculo. Su tema es la necesidad de limpieza y santidad para acercarse a Dios. Expone como el pueblo redimido puede acercarse a Dios en oración y como puede la comunión con Dios ser establecida y permanecer. Su propósito es llamar al pueblo de Dios a la santidad personal. Los rituales que aparecen en el libro se usan para representar al Señor como un Dios Santo y hacer hincapié en que la comunión con Él, debe tener el fundamento de la expiación por el pecado y la vida de obediencia.

Contenido de Levítico

Leyes en relación a las ofrendas (1-7)
Leyes en relación al sacerdocio (8-10)
Leyes en relación a la purificación (11-22)
Leyes en relación a las fiestas (23-24)
Leyes en relación al país (25-27)

El libro de **Números** recibe su nombre por los datos de los censos que se registran. Su tema es el servicio ordenado que Israel debe ofrecer en su culto a Dios. Su propósito es conservar un registro de la paciencia y misericordia de Dios con el pueblo escogido y no olvidar el castigo que recibieron por sus pecados al vagar 40 años por el desierto. Hay dos generaciones diferentes en el libro:

Contenido de Números

En el Sinaí (1-9)
De Sinaí a Cades (10-19)
De Cades a Moab (20-36)

Deuteronomio, significa segunda ley. Contiene los últimos mensajes de Moisés a la nueva generación, especialmente sobre las leyes que debían obedecer en su nueva vida en Canaán. El propósito del libro es guardar un registro de las palabras de Moisés sobre estas leyes que dio al pueblo en forma de sermón, enfatizando así los principios y valores que han de regir la vida de los hijos y las hijas de Dios y que debían conservar entre los otros pueblos que habitaban estas tierras.

Contenido de Deuteronomio

La fidelidad permanente de Dios (1-4)
Declaración de los fundamentos de la ley (5-11)
La función de la ley (12-26)
Requisitos para la permanencia en Canaán (27-30)
Últimos encargos (31-34)

¿Qué Aprendimos?

Los cinco primeros libros de la Biblia relatan la historia de la creación del mundo y de la humanidad por la mano de Dios. También se explica el origen de la condición pecaminosa del corazón humano y los esfuerzos de Dios por formar un pueblo santo; que le sirva como luz a las naciones que viven en pecado, en la oscuridad de la idolatría y separadas del único Dios verdadero.

Expiación por el pecado: *En el Antiguo Testamento se ofrecía a Dios sacrificio de animales procurando cargar sobre una víctima inocente la culpa por el pecado personal con el fin de ser purificado (expiar), y rogar a Dios que cambiara su ira por una actitud favorable hacia la persona arrepentida (propiciar).*

Generaciones del libro de Números

La primera
- Salió de Egipto.
- Desobedientes y rebeldes. Al salir del Sinaí, se quejaban, tenían falta de gratitud y se rebelaron en Cades.
- Por sus pecados de rebeldía e idolatría no entraron a la tierra, murieron en el desierto.

La segunda
- Entró en Canaán.
- Aprendieron y crecieron en obediencia a los mandamientos de Dios.
- Entraron a la tierra prometida y Dios les guió para recuperarla.

Actividades

Tiempo 20'

INSTRUCCIONES:

1. ¿Qué significa la palabra Pentateuco?
_____
_____

2. Escriba una lección que surge de la historia del pueblo de Dios en el Pentateuco para su vida o iglesia.
_____
_____
_____
_____

3. El tema en el libro de Levítico se enfoca en la necesidad de la limpieza y la santidad para acercarse a Dios. ¿Es válido esto actualmente? Explique.
_____
_____
_____
_____

4. En grupos de tres o cuatro integrantes, lean los diez mandamientos en Éxodo 20:1-17. Seleccionen aquellos 2 o 3 que representan pecados comunes a los niños y jóvenes en su contexto. Escojan luego una melodía conocida y escriban una canción en un lenguaje sencillo con sus ademanes, para enseñar dichos mandamientos a niños o jóvenes por medio de la música. Luego cada grupo comparte su canción con el resto de la clase.
_____
_____
_____
_____
_____
_____
_____
_____
_____
_____

Lección 3

Los libros históricos y poéticos

Objetivos
- Identificar los libros históricos y poéticos del A.T.
- Conocer a modo panorámico la enseñanza de cada libro.
- Informarse del desarrollo histórico del pueblo de Israel.

Ideas Principales
- Los libros históricos van desde la conquista de Palestina hasta la caída bajo el imperio babilónico y la restauración posterior de Israel bajo el imperio Persa.
- Los libros poéticos contienen cánticos de adoración y consejos para la vida diaria.

Introducción

Los libros históricos trazan la historia de Israel desde la conquista de Palestina bajo el liderazgo de Josué hasta las rebeliones y la idolatría durante el período de los reyes, que causaron la división del reino y la caída de la nación a manos de los ejércitos de Asiria y Babilonia. Luego se narra también la posterior restauración de la nación bajo el imperio persa. Todo esto abarca un período aproximadamente de 1000 años, desde la conquista de Canaán en el año 1400 a.C. hasta la edificación de las muros y el templo después del cautiverio babilónico, alrededor del año 400 a. C.

Las últimas palabras de Moisés en Deuteronomio del 28 al 30 son una excelente introducción a estos libros históricos. En estos capítulos Dios hace ver las bendiciones que alcanzarían si permanecían obedientes y las maldiciones que les traería desobedecer al pacto.

Mesopotamia: *Palabra de origen griego que significa entre ríos. En Asia Menor indica las llanuras entre los ríos Tigris y Eufrates, donde florecieron las primeras civilizaciones humanas. Actualmente Irak.*

Los jueces eran hombres y mujeres que Dios llamó para ejercer liderazgo sobre las tribus de Israel luego de la muerte de Josué. El nombre Juez describe dos funciones: 1) Líder militar para guiar al pueblo y 2) Líder civil para resolver disputas y mantener la justicia.

Libro histórico del A. T.	Tema
Josué	La entrada a la tierra prometida.
Jueces	Guerra con los países vecinos.
Rut	Historia de la mujer moabita que llegó a ser israelita.
1 y 2 Samuel	Las vidas de Samuel, Saúl, y David.
1 y 2 Reyes	Salomón y otros reyes hasta el cautiverio.
1 y 2 Crónicas	Repite la historia de Israel desde Saúl hasta el cautiverio.
Esdras	Retorno del remanente a Jerusalén.
Nehemías	Retorno del remanente.
Ester	Mujer judía que llegó a ser reina de Persia durante el cautiverio.

El ambiente político de Palestina

Palestina estaba poblada por pueblos idólatras.

La antigua Canaán, hoy conocida como Palestina, estaba ubicada estratégicamente entre tres continentes: Europa, Asia y África. Esta tierra constituía la ruta necesaria para ir de Egipto a Mesopotamia, donde se ubicaban los grandes imperios de la época. Por su posición estratégica para la conquista militar, Palestina fue un lugar que los reinos deseaban poseer.

Antes de que Israel conquistara Palestina, el territorio estaba organizado en ciudades gobernadas por reyes. Era común que estos reyes hicieran alianzas por medio del matrimonio de sus hijos e hijas. Aunque estas ciudades tenían independencia económica y política, en ocasiones se unían para combatir ejércitos invasores. Las ciudades estaban rodeadas por grandes murallas y alrededor de ellas había campos fértiles para la agricultura. Sus pobladores eran politeístas, es decir adoraban a varios dioses. Su dios principal era Baal, divinidad relacionada con la lluvia, la guerra y el sol. Sus rituales incluían la adivinación y el sacrificio de niños.

En el momento en que Israel empezó su conquista los dos imperios más influyentes en la región, los egipcios y los hititas se encontraban debilitados debido a las guerras entre ambos que habían agotado sus recursos materiales y humanos. Durante la conquista, tuvo que luchar con los pueblos que habitaban la tierra, quienes a su vez los atacaban robándoles todo lo que tenían (cosechas, animales, mujeres, entre otros). Por este motivo Israel debía mantenerse constantemente a la defensiva.

Desarrollo histórico

Israel fue inconstante en su fidelidad a Dios y sufrió graves consecuencias.

Después de la muerte de Moisés, Josué comienza con la tarea de recuperar la tierra con la nueva generación, que creció en el desierto. Después de cruzar el río Jordán, Israel conquista la ciudad de Jericó, y así le siguen muchas otras ciudades. Finalmente el territorio es dividido entre las doce tribus, que se distribuyen para poblar la tierra. Dios había dado instrucciones precisas a Israel de que debía destruir a todos los habitantes de Canaán y no hacer alianzas o casamientos con ellos, para no caer en sus costumbres pecaminosas e idolatría.

Pero luego de la muerte de Josué, se levantó *"otra generación que no conocía a Jehová, ni la obra que él había hecho por Israel"* (Jueces 2:8-10). Durante este período el pueblo fue gobernado por jueces. Mientras el último juez, Samuel, lideraba, la idea de tener un rey surgió en el pueblo. Ellos querían la misma forma de gobierno de las naciones vecinas. Así empieza el período de la monarquía. Los primeros tres reyes de Israel fueron: Saúl, David y Salomón.

Jerusalén: Antigua ciudad de los jebuseos de donde era el sacerdote Melquisedec, contemporáneo de Abraham (génesis 14:8). David la conquista alrededor del año 1000 a. C. y la convierte en capital de la nación. También se la conoce como "La ciudad de David".

Lección 3 - Los libros históricos y poéticos

Babilonia: Fundada por Nimrod en el 2500 a.C., quien construyó la torre de Babel (Génesis 11:1-9).

Fecha de las deportaciones babilónicas
586 a.C. Por el rey Nabucodonosor
605 a.C. Grupo de 10.000 judíos que incluía a Daniel.
597 a.C. Tercera deportación

Fechas del retorno a Canaán
536 a.C. Primer grupo bajo Zorobabel
458 a.C. Regreso bajo Esdras
446 a.C. Regreso bajo Nehemías

Teocracia: gobierno ejercido directamente por Dios o por sus representantes que guían al pueblo conforme a las leyes divinas.

Durante el gobierno de David, Israel entró en un período de progreso y expansión geográfica, política, económica y de búsqueda de Dios. El motivo de este crecimiento y bendición era la fidelidad de David para con Dios. Uno de los logros bajo su reinado fue conquistar la ciudad de Jerusalén y hacerla capital de la nación (2 Samuel 5). Dios prometió establecer el reinado en la familia de David a través de su hijo Salomón (1 Crónicas 17:11-14).

Salomón comenzó bien su reinado y dirigió la construcción del primer Templo, pero cometió el error de tomar muchas esposas extranjeras (como era la costumbre de los reyes de la época) las que introdujeron altares y cultos idólatras. Ya anciano, influenciado por sus esposas y concubinas, Salomón rindió culto a estos dioses y pronto el pueblo le imitó. Para sostener la demanda de sus construcciones, Salomón cargó al pueblo con impuestos excesivos.

Cuando le sucede Roboam, su hijo, se negó al pedido del pueblo de reducir los impuestos, y en lugar de ello recargó a la comunidad con trabajo forzado y más impuestos. Como respuesta, las diez tribus del norte se rebelaron y nombraron a Jeroboam como rey para crear una nación independiente con el nombre de Israel, con su capital en Samaria (reino del Norte). Las dos tribus que seguían fieles a Roboam, Judá y Benjamín, formaron el reino de Judá, con su capital en Jerusalén (reino del Sur).

Durante el período del reino dividido, Dios envió profetas al rey y al pueblo para traerlos al arrepentimiento. También surgieron falsos profetas a quienes muchas veces el pueblo prefería oír. Por su rebeldía e idolatría ambos reinos fueron conquistados, muchos murieron y otros fueron deportados. En el año 720 a.C. Asiria conquista el reino del Norte. En el año 586 a.C. el reino del Sur cae finalmente bajo el poder de Nabucodonosor, rey de Babilonia. La ciudad de Jerusalén y el templo son destruidos. A este período de la historia se le denomina el Exilio de Babilonia.

Luego de estos sucesos, los pobladores del reino del Norte se emparentan con los pueblos vecinos y se produce una mezcla racial, cultural y religiosa que resultó en la pérdida de su identidad (1 Reyes 16:4; 2 Reyes 17:1-6; 18:9-11; 1 Samuel 7:8-9). Para el tiempo de Jesús los judíos no reconocían a los pobladores del Norte -o samaritanos- como parte de su pueblo.

Babilonia fue conquistada en 536 a.C. por el rey Persa, llamado Ciro. Es a partir de este momento que empieza el proceso de restauración de Judá debido a un cambio en la política del imperio que permitía el retorno de los pueblos cautivos a sus tierras. Un buen grupo de judíos regresaron a Jerusalén y la reconstruyeron. El profeta Jeremías había profetizado que el cautiverio duraría 70 años.

El retorno de los judíos a su tierra se dio en varios grupos entre el 536 y el 446 a.C. En el año 536 se reinicia el culto a Jehová en el templo con el profeta Zorobabel. En esta época, el reino de Judá toma el nombre de Israel y se reconstruye la ciudad, sus muros y el templo. Se reestableció el culto y la organización político social, aunque bajo el control del imperio persa. Israel continuó siendo súbdito de los imperios que controlaban el Medio Oriente hasta los tiempos de Jesús.

Después de este período de restauración, inicia el tiempo denominado "período de silencio", por un lapso de 400 años. Este tema se desarrollará más adelante en la lección número 5 titulada: Introducción al Nuevo Testamento.

Aspectos literarios

A continuación estudiaremos un panorama de éstos libros.

Contenido de Josué:
1. La entrada a la tierra (1-5)
2. La tierra subyugada (6-12)
3. La tierra dividida (13-22)

Josué, significa Salvación del Señor. Su autor es Josué, aunque algunas partes del libro fueron escritas por otra persona. Hay varios acontecimientos que sucedieron después de su muerte: la conquista de Hebrón por Caleb (14:6-15), la victoria de Otoniel (15:13-17); y la migración de Dan (19:47). La historia paralela se encuentra en Jueces 1:10-16 y 18. El tema de este libro es la empresa de la conquista y la victoria de fe de Israel. Su propósito es narrar la historia de la conquista de Canaán y la división de la tierra entre las tribus, ya que demuestra la fidelidad de Dios como un Dios que cumple los pactos (1:2-6).

El libro de **Jueces** relata el período desde Josué hasta el primer rey, Saúl. La tradición atribuye a Samuel como su autor. Por falta de liderazgo el pueblo retorna a la idolatría y la inmoralidad. Las tribus sufren a manos de los pueblos vecinos aunque obtienen victorias militares parciales bajo el liderazgo de los jueces. Su propósito es narrar la historia triste de las tribus de Israel en un tiempo en que se apartaron de la ley de Dios y mostrar la necesidad de la unificación nacional bajo el gobierno de Dios.

Contenido de Jueces:
1. El período después de Josué (1 a 3:4)
2. La infidelidad del pueblo y su rescate (3:5 a 16)
3. Israel sin liderazgo (17 a 21)

Rut, significa amistad. Su autor es Samuel. El libro trata el tema del amor de la extranjera Ruth por Noemí y su inclusión en el linaje de David. Su propósito es presentar el valor y el amor piadoso de dos mujeres de países diferentes en una época de luchas, violencia e idolatría, para trazar la línea genealógica de Ruth y Booz, hasta el rey David, de quien desciende Jesús (Mateo 1:3-6).

Contenido de Rut:
1. Rut decide ir con Noemí (1)
2. Rut la sierva (2)
3. Rut descansa (3)
4. Rut recompensada (4)

Samuel significa pedido a Dios, su nacimiento es el resultado de la oración fervorosa de Ana, su madre. 1 y 2 Samuel fueron escritos por Samuel, último juez de Israel, quién escribió los primeros 24 capítulos del primer libro. El resto se atribuye a los profetas Natán y Gad. Es posible que Jeremías compilara los escritos de todos ellos (Jeremías 45). El tema de 1 Samuel es el establecimiento de Israel como reino de Dios, y el de 2 Samuel el establecimiento de David como rey escogido por Dios. El propósito es presentar la historia de la unificación de Israel bajo un gobierno común, una teocracia, el gobierno de Dios.

Contenido de 1 Samuel:
1. Historia de Samuel (1-7)
2. Historia de Saúl (8 al 15)
3. Historia de David (16-31)

Contenido de 2 Samuel
1. La ascensión de David (1-10)
2. La caída de David (11-20)
3. Los últimos años de David (21-24)

El autor de 1 y 2 de **Reyes** es el profeta Jeremías, auxiliado por Baruc, su secretario. El tema de 1 Reyes es la gloria del reino de Salomón y el gran desafío de la idolatría. El de 2 Reyes es el gran juicio de Jehová sobre Israel

Lección 3 - Los libros históricos y poéticos

Contenido de 1 Reyes:
1. El establecimiento del reino de Salomón (1-2)
2. El reinado de Salomón (3-11)
3. La ruptura y decaimiento del reino (12-22)

Contenido de 2 Reyes:
1. El final del ministerio de Elías (1 a 2:13)
2. El ministerio de Eliseo (2:14 a 13:21)
3. El decaimiento y caída de Israel (13:22 a 17:41)
4. El decaimiento y caída de Judá (12-25)

Contenido de 1 Crónicas:
1. Desde Adán hasta David (1-9)
2. El reinado de David (10-29)

Contenido de 2 Crónicas
1. El reinado de Salomón (1-9)
2. La división del reino (10:1 a 11:4)
3. Los reyes de Judá (11:5 a 36:23)

Contenido de Esdras:
1. El regreso bajo Zorobabel (1-6)
2. El regreso bajo Esdras (7-10)

Contenido de Nehemías:
1. La construcción del muro (1-6)
2. El avivamiento de la religión y la restauración del culto (7 a 13:3)
3. La corrección de los abusos (13:4-31)

Contenido de Ester
1. La fiesta de Asuero (1-2)
2. La fiesta de Ester (3-7)
3. La fiesta de Purim (8-10)

y Judá por idolatría. Su propósito, enfatizar la conexión inseparable entre obediencia y bendición, y entre desobediencia y maldición.

Según la tradición hebrea, el autor de 1 y 2 **Crónicas** es el sacerdote Esdras. 1 Crónicas trata sobre la soberanía de Dios al establecer el trono de David y 2 Crónicas trata de la recompensa o castigo de parte de Jehová para los reyes descendientes de David conforme a su fidelidad a la ley de Dios o la falta de ella. Su propósito es enfatizar las bendiciones positivas del arrepentimiento y la adoración sincera y la soberanía de Dios para restaurar y cumplir sus promesas si permanecían fieles al pacto. En su mayoría estos libros repiten la historia narrada en 2 Samuel, 1 y 2 Reyes, pero agregan algunos datos que estos libros omitieron.

Esdras y Nehemías escribieron los libros que llevan sus nombres. Esdras relata el regreso de parte del pueblo de Israel del exilio en Babilonia para reconstruir el templo y restituir el culto a Jehová, en el tiempo preciso cuando Dios había dicho que se realizaría, por medio de Jeremías en 29:10 (Esdras 1:1). Nehemías narra la reconstrucción del muro de la ciudad de Jerusalén y la renovación del pacto del pueblo con Dios. El propósito de ambos libros es narrar la historia de Israel después de la cautividad.

Ester significa estrella. el autor es desconocido aunque probablemente es Mardoqueo (Ester 9:20). Su tema es el cuidado continuo de Dios para Israel, aún en tierra extranjera. Su propósito es demostrar la soberanía de Dios y su cuidado amoroso hacia su pueblo. Este libro da a conocer también el origen histórico de la fiesta de Purim.

Los Libros Sapienciales

Los libros poéticos del Antiguo Testamento son: Job, Salmos, Proverbios, Eclesiastés y Cantar de los Cantares. A estos libros se les clasifica de diferentes maneras: didácticos (por su enseñanza) o poéticos (por su estilo literario) o sapienciales (por su contenido de consejos). En ocasiones se les denomina a todos sapienciales, porque las enseñanzas e instrucciones que Dios ofrece en ellos, forman lo que en el Antiguo Testamento se llama "sabiduría".

Clases distintivas de la Poesía Hebrea

Drama poético	Implica una serie de escenas, presentadas principalmente en verso a modo de guión para actuación (libro de Job).
Lírica poética	Poemas acomodados a la música para cantarlos (Salmos).
Didáctica poética	Poemas con el propósito de enseñanza.
Didáctica práctica	Dichos y didáctica filosófica (Proverbios y Eclesiastés).
Idilios poéticos	Escenas rústicas o campesinas en verso (Cantar de los cantares).
Elegía poética	Poemas que expresan tristeza o lamentos (Lamentaciones).

El autor del libro de **Job** no se ha identificado. Su tema es el misterio del sufrimiento y su propósito en la vida de los hijos fieles de Dios. Su propósito es mostrar la manera en que Dios permite los tiempos de adversidad para guiar a su pueblo hacia la madurez, sacando a luz el pecado oculto (como la justificación propia en el caso de Job).

Los autores de los **Salmos** son muchos: David, Asaf, Moisés, los hijos de Coré, Etam, Hemán, Esdras, Ezequías, Jeduthún y Salomón. Muchos son anónimos. Los Salmos son poemas que sirvieron como himnario a Israel en el culto y fiestas religiosas. El libro de los Salmos tiene diversos propósitos. Sus autores expresan delante de Dios sus emociones: gozo, tristeza, desilusión o confianza en medio de las pruebas de la vida. Los Salmos expresan además la esperanza de Israel en la venida del Mesías y revelan detalles sobre su primera y segunda venida.

El libro de **Proverbios** tiene varios autores: Salomón (1-24), Agur (30), El rey Lemuel (31). Se cree que Isaías y Miqueas recopilaron otros refranes de Salomón en los capítulos 25 a 29. Su tema son los grandes beneficios de la sabiduría y la búsqueda de Dios para el desarrollo de nuestra vida. El propósito del autor es enseñar los grandes beneficios de tener una mente disciplinada y un sistema de vida orientado hacia Dios. Advertir de los grandes peligros que de modo inevitable resultan de dejarse llevar por los instintos, las pasiones y los deseos descontrolados.

Eclesiastés, significa, predicador o el que habla en un grupo de personas. Su autor es Salomón (1:1, 16, 12:9). Trata el tema de lo inútil o improductivo de buscar el significado de la vida sin Dios. Su propósito es presentar un razonamiento filosófico de lo inadecuado e infructuoso de una vida que no vive para el Creador y demostrar que la satisfacción y el gozo de la vida se halla en el reconocimiento de la soberanía de Dios.

El libro de **Cantar de los Cantares** recibe su nombre por ser el principal de todos los cánticos escritos por Salomón (1 Reyes 4:32). Su tema es las delicias del amor matrimonial, descripto por medio de una historia de amor que glorifica el afecto puro y natural, y resalta la pureza y la santidad del matrimonio como un don de Dios. Su propósito original fue celebrar las bodas de Salomón con la hermosa mujer sulamita (Cantares 6:13).

Libros Poéticos
- **Job:** Hombre justo que sufrió, y pregunta ¿por qué?
- **Salmos:** Cancionero de Israel
- **Proverbios:** Joyas de sabiduría
- **Eclesiastés**: Peregrinaje espiritual, buscando el sentido de la vida
- **Cantares:** Canción de amor

Contenido de Job
1. El ataque de Satanás contra Job (1- 2:10)
2. Job y sus amigos (2:11 a 31:40)
3. El mensaje de Eliú (32-37)
4. La respuesta de Jehová a Job (38 a 42:6)
5. Conclusión (42:7-17)

Contenido de Proverbios
1. El valor y la verdadera sabiduría (1-9)
2. "Proverbios de Salomón" (10:1 al 22:16).
3. "Las palabras de los sabios" (22:17 al 24:34).
4. Otros proverbios de Salomón (25 al 29)
5. Instrucciones de Agar y de la madre al rey Lemuel (30 y 31).

Contenido de Eclesiastés
1. La vanidad del placer y la sabiduría humana (1 y 2)
2. La felicidad terrenal, sus obstáculos y medios de progreso (3-5)
3. La verdadera sabiduría práctica (6:1 al 8:15)
4. La verdadera sabiduría a la vida del hombre (8:16 al 10:20)
5. Conclusión (11:1-12:14)

Contenido de Cantar de los Cantares
1. La desposada en los Jardines de Salomón (1:2 al 2:7)
2. Los recuerdos de la desposada (2:8 - 3:5)
3. Las bodas (3:6 - 5:1)
4. En el palacio (5:2 - 8:4)
5. El hogar de la desposada (8:5 - 14)

¿QUÉ APRENDIMOS?

Los libros históricos del Antiguo Testamento relatan la historia de Israel desde la conquista de la tierra prometida hasta el destierro y el retorno. Aunque Israel pasó por tiempos muy difíciles debido a su infidelidad, Dios nunca abandonó a su pueblo y cumplió sus promesas. Los libros poéticos contienen himnos, poemas y refranes que enseñan cómo adorar con sinceridad y cómo vivir sabiamente.

Lección 3 - Los libros históricos y poéticos

Actividades

Tiempo 20'

INSTRUCCIONES:

1. El libro de Jueces describe a Israel como un pueblo de Dios de nombre, pero que practicaba los mismos pecados de los pueblos idólatras. ¿Será este un problema presente en la iglesia contemporánea? Comente.

2. ¿Quiénes fueron los culpables de la división entre el reino del Norte y del Sur? ¿Qué lección podemos aprender de esta historia para los líderes de la iglesia?

3. ¿Cuál es su Salmo favorito? ¿Qué emociones expresa el autor de este Salmo?

4. La clase se divide en dos grupos:

El grupo 1 responde: ¿Qué valor didáctico tiene el libro de Job para la vida cristiana?

El grupo 2 responde: ¿Qué valor tiene el libro de Cantar de los Cantares en un contexto donde el matrimonio está pasando de moda?

Lección 4

LOS PROFETAS

Objetivos

- Definir qué es un profeta y cuál es su función.
- Conocer el contenido de su mensaje.
- Valorar la importancia de su mensaje para nuestros días.

Ideas Principales

- El profeta es alguien llamado por Dios para transmitir su Palabra a la gente.
- Los profetas se desempeñaron como maestros y predicadores.
- Los libros proféticos del Antiguo Testamento son doce y se clasifican en mayores y menores.

Introducción

¿Qué es un profeta? ¿Es alguien que puede predecir el futuro? ¿Una especie de adivino? En el Antiguo Testamento se denomina profeta a la persona que comunicaba un mensaje de parte de Dios a la gente, con el fin de orientarles e indicarles el camino recto (Génesis 20:27). Algunos profetas dedicaron gran parte de su vida a este ministerio, otros lo hicieron por algún tiempo, como por ejemplo María la hermana de Moisés (Éxodo 15:20) o las bendiciones de Isaac y Jacob para sus hijos (Génesis 27:27-29, 39-40, 48:20).

Profeta: Describe a una persona que no habla por sí misma sino en nombre de otra, es un mensajero de Dios (2 Reyes 9:7; 17:13; Daniel 9:6).

El profeta Amós afirma que ser profeta es un don de Dios (Amós 2:11). Jeremías dice que el oficio profético comenzó con Moisés (Jeremías 7:25). En Deuteronomio 18:9-22, Moisés declaró que Dios iba a levantar un ministerio profético, y que algún día se levantaría el mayor profeta, refiriéndose al Mesías.

La función de los profetas

Los profetas fueron en primer lugar maestros y predicadores.

Palabras hebreas para profeta:
Roeh: vidente. Describe la percepción espiritual excepcional que caracterizaba al profeta.
Chozeh: vidente, místico. Describe la vida contemplativa del profeta, enfatizando el modo en que recibían los mensajes de Dios.
Nabhi: profeta, proclamador. Destaca la obra activa del profeta al proclamar el mensaje de Dios (1 Reyes 8:15; Isaías 1:20; Jeremías 15:19).

Los profetas tenían las siguientes responsabilidades:

- Predicaban conforme a la Palabra de Dios revelada en los libros de Moisés y los otros ya existentes del Antiguo Testamento.

- Según Dios les revelaba, predecían acontecimientos venideros. Advertían al pueblo del juicio que vendría como consecuencia de su pecado y de los acontecimientos relacionados a la venida del Mesías y su Reino.

- Eran quienes preservaban y defendían la práctica de la Ley de Moisés. La enseñaban y llamaban a Israel a obedecerla.

Los profetas se dividen en mayores y menores debido al tamaño de sus libros. Por ejemplo el libro de Isaías, Jeremías o Ezequiel son por sí solos mucho más extensos que si se unen los doce libros de los profetas menores.

Los cinco Profetas Mayores

Isaías	Un llamado al arrepentimiento. Promesas del Mesías
Jeremías	Un llamado al arrepentimiento
Lamentaciones	Lamenta la destrucción de Jerusalén
Ezequiel	Visiones del juicio de Dios y la futura restauración
Daniel	Este profeta confronta al rey Nabucodonosor. Visiones del juicio y del retorno

Los doce profetas menores

Oseas	El amor de Dios para su pueblo infiel
Joel	El Día del Señor, juicio devastador
Amós	Denuncia a Israel por injusticia con los pobres
Abdías	Edom será castigado por invadir a Judá
Jonás	El profeta huye y es tragado por un pez
Miqueas	Explotación de los pobres y la perversión del sacerdocio
Nahum	Profecía de la destrucción de Nínive
Habacuc	El profeta duda de la justicia de Dios
Sofonías	Juicio sobre Judá y otras naciones
Hageo	Anima a reconstruir el templo
Zacarías	Visiones de la restauración y del Mesías
Malaquías	Acusaciones contra los sacerdotes

Asiria: Imperio que se ubicaba en la actual Irak e Irán. Poseía un ejército de fuertes guerreros que trataban con crueldad a sus enemigos. El reino del Norte cayó en el año 722 a. C. en manos de este imperio.

Edom era una región montañosa y a sus habitantes se les llamaba idumeos los cuales eran descendientes de Esaú, hermano de Jacob. Estos le cerraron el paso a Moisés y al pueblo cuando iban camino a la tierra prometida (Números 20:14-21) y siempre estaban listos para ayudar a cualquier enemigo que atacara a Israel.

Los profetas anteriores a la cautividad

El ministerio profético comenzó en Israel 800 años antes de Cristo.

Para el siglo 8 a. C. tanto el reino del Norte como el del Sur, estaban involucrados en la idolatría de las naciones vecinas, con el visto bueno de sacerdotes y líderes. Los profetas de este período que nos dejaron sus libros son:

Jonás (810-790 a.C.). Su nombre significa Paloma. Se le ha llamado el libro misionero del Antiguo Testamento, por ser un profeta que predica a una nación extranjera. El tema es la amplitud de la misericordia de Dios y la poca disposición del profeta para predicar en un país enemigo. En su libro Jonás declara la universalidad del juicio y la gracia de Dios.

Sinagoga: Significa: venir juntos o asamblea. Generalmente hace referencia a un pequeño edificio utilizado por los judíos para enseñar la ley, adorar a Dios y congregarse para asuntos sociales.

"Remanente" se refiere a las familias del pueblo de Israel que permanecían fieles a Jehová.- Mateo 2:23

Día de Jehová o Día del Señor se refiere al tiempo en que Dios irrumpirá con poder en la historia y derrotará a los enemigos del Pueblo de Dios (Isaías 2:12; Joel 2:23).

Paganos: se refiere a las personas o los pueblos que practican religiones politeístas, teniendo diversidad de dioses.

Joel (790-760 a. C.). Su nombre significa Jehová es Dios. Su libro trata sobre el juicio y la salvación en el "día de Jehová" (expresión usada por los profetas para indicar el día o el tiempo en que Dios va a intervenir en la historia a favor de su pueblo). Este libro tiene un propósito histórico y otro profético. El histórico es llamar al arrepentimiento como reacción apropiada a los juicios de Dios en forma de plaga de langostas y sequías. El profético es anunciar el día de Jehová, en el cual Dios sometería a los pueblos idólatras, libraría a su pueblo de la opresión y moraría en medio de ellos.

Amós (780-760 a. C.). Su nombre significa carga o cargador. Amós profetizó en el tiempo cuando Uzías era rey de Judá y Jeroboam II era rey de Israel. En este período ambas naciones gozaban de estabilidad y prosperidad. Nadie sospechaba que antes de diez años el caos político y los asesinatos sacudirían a la nación y la llevarían hacia la destrucción. El tema del libro es el juicio y la condenación de Israel por sus pecados, especialmente la idolatría y la injusticia social. Amós intenta advertir sobre el juicio inminente de Dios a la nación. Les llama a arrepentirse por la desigualdad socio-económica y la corrupción moral y espiritual. El tema favorito de Amós es la justicia de Dios.

Oseas (785-725 a. C.). Su nombre significa salvación o liberación. Oseas profetizó en el reino del Norte en los últimos 30 años antes de su cautividad durante el reinado de Jeroboam II (740 a.C.). Su profeta contemporáneo en Judá era Isaías. Los israelitas habiendo abandonado a Jehová cometían toda clase de maldad. El tema de su libro es el amor inagotable de Dios por Israel que produce el juicio y la restauración final. Oseas registra el último llamado de Dios al reino Norte antes del desastre. Describe la condición abominable de la nación, que al igual que la esposa del profeta se había vendido a la prostitución. También habla del amor infinito de Dios quién lloró por la división del reino y estaba listo a recibirlo otra vez como pueblo del pacto, si se arrepentían.

Isaías (750-695 a. C.). Su nombre significa el Señor es salvación. El profeta enseña sobre la salvación nacional y personal que vienen de Jehová. Por su énfasis en la gracia de Dios y la obra redentora del Mesías venidero para todas las naciones, se le ha llamado "el quinto evangelio". Isaías advierte a la nación sobre el juicio inminente de Dios debido a su idolatría y a sus alianzas con naciones idólatras. Les recuerda el plan de liberación de Dios para la nación y para cada persona por medio de la obra y ministerio del Mesías venidero.

Miqueas (745-725 a. C.) Su nombre significa ¿quién cómo Jehová? y se relaciona al mensaje del libro que describe el carácter de Jehová como Juez justo y Pastor amoroso de Israel. En el primer capítulo se destaca el poder de la ira de Dios y en el segundo su gran perdón. Miqueas describe a un pueblo que a pesar a cumplir con los rituales religiosos, continuaba en su pecado y practicaba la injusticia social y la violencia. Describe la venida del Mesías, quien desde su origen humilde, reinaría sobre Israel con verdad y justicia, como Dios había prometido en el pacto con Abraham.

Los profetas cercanos a la cautividad

Dios advirtió a su pueblo del juicio que se avecinaba por su desobediencia.

Nahúm (660-630 a.C.). Su nombre significa consuelo. Este libro es único entre los profetas, ya que no tiene juicio para Israel, sino contra Nínive, la ciudad violenta del este. Nahúm consuela a Judá frente a la amenaza inminente de Asiria, le recuerda la soberanía de Dios sobre todas las naciones y predice la destrucción de Asiria bajo el juicio de Dios por su violencia y crueldad.

El nombre **Sofonías** (630-620 a. C.) significa el Señor "oculta" o protege. Sofonías profetizó durante el reinado de Josías rey de Judá quien emprendió una gran reforma en el servicio del templo. El reino de Judá se acercaba a su fin y el profeta hace un llamado urgente a la nación, condenando su idolatría y advirtiéndoles del gran día de la ira de Dios sobre el mundo. También pone énfasis en los resultados finales del juicio de Israel. Éste sería un pueblo purificado y humilde al cual Dios restauraría para vivir en medio de ellos.

Habacuc (620-610 a. C.). Su nombre significa abrazar. Es muy probable que Habacuc fuera un levita músico en el templo (3:1,19) y contemporáneo de Sofonías. Enfatiza la santidad (justicia) de Dios al juzgar a Judá por sus pecados, usando como instrumento a la más temible y poderosa nación extranjera (Asiria) y resalta que hay esperanza para el justo, quién vivirá por la fe.

El nombre de **Jeremías** (628-588 a. C.) significa "El Señor nombra o establece". Jeremías profetizó en el tiempo en que el pueblo de Judá fue llevado cautivo y obligado a establecerse en Babilonia. Su tema es el amor constante de Dios hacia su pueblo infiel y su tristeza por el sufrimiento de ellos. Jeremías demuestra que las advertencias hechas por los profetas anteriores, estaban por cumplirse en el cautiverio. Pese a que los pecados de Judá habían sido la causa de su caída, el pueblo fiel a Dios se salvaría y sus opresores serían destruidos. La ciudad de Jerusalén sería reconstruida y el templo recobraría su gloria.

Los profetas en la cautividad

Los profetas dieron aliento y esperanza al pueblo desterrado en Babilonia.

A los que fueron llevados cautivos se les dieron ciertas libertades en el imperio babilónico. Sin embargo tenían que vivir bajo las leyes de una nación extranjera que servía a otros dioses y esto les trajo dificultades y persecuciones. Israel tuvo que adaptarse a esta nueva situación para no perder su fe y su identidad nacional. Los profetas de este período fueron:

Contenido de Isaías
1. Condena por los pecados de Israel (1-35).
2. Historia de la invasión de Asiria, el rescate de Jerusalén y la sanidad de Ezequías (36-39).
3. Consuelo para Israel y promesas de restauración y bendición (40-66).

Contenido de Miqueas
1. Denuncia (1-3).
2. Consolación (4-7).

Contenido de Oseas
1. Separación: Israel, la esposa infiel (1-3).
2. Condenación: Israel, la nación pecaminosa (4-13:8).
3. Reconciliación: Israel, la nación restaurada (13:9 al 14:9).

Contenido de Amós
1. Juicio sobre las naciones (1-2).
2. Juicios sobre Israel (3 al 9:6).
3. La restauración de Israel (9:7-15).

Contenido de Jonás
1. La primera comisión de Jonás, su desobediencia y sus resultados (1 y 2).
2. La segunda comisión de Jonás, su obediencia y sus resultados (3).
3. La queja de Jonás y la respuesta de Dios (4).

Contenido de Sofonías
1. Una amonestación de juicio (1).
2. Un llamamiento al arrepentimiento (2:1 al 3:7).
3. Una promesa de restauración (3:8-20).

Contenido de Jeremías
1. El llamamiento y la comisión de Jeremías (1).
2. Mensaje general de represión a Judá (2-25).
3. Mensajes más detallados de represión y juicio y de restauración (26-39).
4. Mensajes después de la cautividad (40-45).
5. Profecías concernientes a las naciones (46-51).
6. Recuerdo de la cautividad de Judá (52).

Contenido de Habacuc
1. El conflicto de la fe (1,2).
2. El triunfo de la fe (3).

Contenido de Ezequiel
1. El llamamiento del profeta (1-3).
2. La suerte de la nación y de Jerusalén (4-24).
3. Profecías contra las naciones (25-32).
4. La restauración de Israel (33-48).

Contenido de Daniel:
1. Daniel y sus compañeros (1).
2. Dios domina sobre los imperios del mundo (2-7).
3. Visión sobre el destino del pueblo de Dios (8-12).

Contenido de Joel
1. El día del Señor inmediato: La invasión de las langostas (1).
2. El día del Señor inminente: La invasión Asiria (2:1-27).
3. El día del Señor futuro: La invasión final (2:28- 3:21).

Contenido de Zacarías
1. Visiones de esperanza (1-6).
2. Exhortaciones a la obediencia y a la piedad (7-8).
3. Promesas de gloria por medio de la tribulación (9-14).

Daniel (606-534 a. C.). Su nombre significa Dios es mi juez. A los veinte años Daniel fue nombrado gobernador de la provincia de Babilonia. Durante un período de casi setenta años Daniel sirvió a seis reyes babilónicos y dos persas. El tema de su libro es la soberanía de Dios sobre los reinos de este mundo. Su propósito es alentar al pueblo judío que se encontraba en cautiverio recordándoles que Dios aún no había terminado con la nación Judía, que había un plan de salvación para el mundo, en el cual, Israel jugaría un papel relevante. Daniel profetiza que diferentes imperios se sucederían en el futuro hasta el tiempo de la venida del Mesías.

Abdías (587 a. C.) significa: siervo del Señor. Profetizó en Jerusalén cuando Edom lanzaba sus ataques violentos a la ciudad. El propósito de su libro es anunciar el juicio de Dios y la destrucción final de Edom por su venganza y violencia hacia Israel y proclamar el triunfo final de Israel en el día de Jehová cuando poseerá la tierra de Edom.

El nombre **Ezequiel** (606-534 a. C.) significa Dios fortalece. Los judíos estaban sumergidos en la idolatría y la rebeldía, rechazaban a Dios y despreciaban la corrección de los profetas de Dios. Cuando el rey de Babilonia se llevó lo mejor de la población judía, Ezequiel, fue llevado también junto al rey Joaquín de Judá (597 a.C.). La casa del profeta se convirtió en el sitio de reunión donde daba consejo a los ancianos de su pueblo. Fue en Babilonia que surgieron las sinagogas, conformadas por grupos de judíos que se reunían para adorar y aprender de la Palabra. El propósito de su libro es promover el arrepentimiento y la fe trayendo el pueblo a la fidelidad a Jehová. Transmitir un mensaje de esperanza y confianza en que finalmente Dios reuniría de nuevo la nación, se reconstruiría la ciudad de Jerusalén y se edificaría de nuevo el templo.

Los profetas posteriores a la cautividad

En el retorno los profetas junto al pueblo reconstruyen la ciudad y el templo.

El imperio Babilónico tenía el predominio en el medio oriente (631 a 556 a. C.) cuando Jerusalén fue destruida por el rey Nabucodonosor en el 586 a. C.. Este imperio se conformó de la unión de Asiria y Nínive, naciones conquistadas por los medos. En 539 a. C., Ciro el Persa vence al rey medo Astiages y se apodera de Babilonia haciéndola su capital. El imperio Persa permanece durante los años 556 a 334 a. C. tiempo en que fue conquistado por el griego Alejandro Magno.

Los Persas tenían una política diferente con respecto a los pueblos conquistados, les permitían vivir en sus tierras siempre y cuando pagaran impuestos al imperio. Esto favoreció a los judíos quienes guiados por Dios regresaron a Jerusalén. Los profetas de este período fueron:

El nombre **Hageo** (520-518 a. C.) significa festivo o mi fiesta. El libro se escribe en el tiempo del advenimiento de Darío al trono, cuando era posible completar la construcción del templo, cuya obra había sido estorbada por un decreto de Artajerjes, rey de Persia, a solicitud de los samaritanos que estaban enemistados con Israel. El tema del libro es la bendición de Jehová en relación a la reconstrucción del templo y su promesa de prosperidad y fidelidad. Hageo exhorta a los líderes a no abandonar la obra de reconstrucción.

Zacarías (520-510) significa el Señor recuerda. Junto a su padre y abuelo regresó a Jerusalén con el primer grupo al mando de Zorobabel (Nehemías 12:4,16). Es el único de los profetas menores a quien se identifica como sacerdote. Su libro provee el trasfondo histórico de Hageo. Ambos profetas animaron al remanente a ponerse en acción para completar la construcción y pusieron énfasis en la relación existente entre obediencia en la reconstrucción del templo y la bendición de Dios en su vida (Hageo 1:9; Zacarías 1:16,17). Zacarías anima a la nación para servir fielmente a Dios, aún en tiempos de aflicción, poniendo la esperanza en los tiempos gloriosos del Mesías en el futuro. El profeta quiere prevenir el desaliento del pueblo debido al hecho de que las promesas esperadas de parte de Dios aún no se cumplían, aunque habían regresado del cautiverio. Para ello, asegura que el reino de Dios sería establecido, e Israel triunfaría sobre todos sus enemigos con la venida del Mesías.

Malaquías (420-397 a. C.). Su nombre significa mi mensajero e implica "autoridad fuerte". El propósito del libro es despertar al remanente de Israel para que se dieran cuenta de su estancamiento espiritual. Malaquías profetiza a un pueblo rebelde e hipócrita; religioso en el exterior, pero interiormente indiferente al Señor. El servicio a Jehová había llegado a ser un formalismo vacío, desempeñado por un sacerdocio corrupto al que no respetaban. La promesa es que el Mesías venidero juzgará y purificará a la nación.

Contenido de Hageo
1. El descuido de finalizar la reconstrucción del templo (1:1-15).
2. La gloria del segundo templo (2:1-9).
3. El sacrificio sin obediencia no santifica (2:10-19).
4. La seguridad y la perpetuidad de la casa de Israel (2:20-23).

Contenido de Malaquías
1. Amonestación y reprensión: mensajes a los rebeldes (1 al 3:15).
2. Predicción y promesas: Mensaje a los fieles (3:16 al 4:6).

¿QUÉ APRENDIMOS?

El ministerio de los profetas fue clave para que Dios pudiera comunicar su voluntad a su pueblo en un tiempo en que no había Biblias disponibles para todos.

Los profetas ayudaron a la gente a reconocer su pecado y arrepentirse. Ellos no permitieron que Israel olvidara que Dios les llamó para ser un instrumento santo por medio del cuál vendría el Mesías Salvador de la humanidad (Jesucristo).

Lección 4 - Los profetas

Actividades

Tiempo 20'

INSTRUCCIONES:

1. En sus propias palabras responda ¿qué es un profeta en el sentido bíblico?
___
___
___
___

2. ¿Cuáles son las tres funciones principales de los profetas bíblicos?
___
___
___
___

3. ¿Cuál es la semejanza entre el ministerio del profeta del Antiguo Testamento y el de los predicadores contemporáneos?
___
___
___
___

4. Malaquías, el último libro del Antiguo Testamento termina presentando el fracaso absoluto del ser humano frente al pecado cuando no cuenta con la ayuda de Dios. ¿Cuál ha sido y es su experiencia al respecto?
___
___
___
___

5. Algunos estudiantes que lo deseen compartan voluntariamente su respuesta a la pregunta anterior con el resto de la clase. Luego todos juntos elaboren una lista de: 10 consejos prácticos para mantener el pecado fuera de mi vida. Por ejemplo: Tener cuidado con lo que miro por televisión.

Lección 5

Introducción al Nuevo Testamento

Objetivos
- Informarse de la historia en los 400 años entre el A.T. y el N.T.
- Conocer el contexto del Nuevo Testamento.
- Apreciar las ventajas del imperio romano para la expansión del cristianismo.

Ideas Principales
- Al período de 400 años entre Malaquías y Mateo se le llama intertestamentario.
- En el siglo 1 la cultura predominante era la greco-romana y Judá era una provincia romana dividida en diferentes grupos políticos y religiosos.

Diáspora: *dispersión del pueblo judío viviendo entre otras naciones.*

Introducción

Durante el tiempo de la cautividad babilónica los judíos gozaron de cierta libertad. Algunos sirvieron en cargos públicos, como Daniel (605 a. C). Otros se volvieron hábiles comerciantes. Ester, fue escogida como reina y esposa por el rey medo-persa Jerjes (480 a.C.). Los judíos desterrados lograron sobrepasar el problema que habían tenido con la idolatría y por el cual habían pecado una y otra vez. Esto es evidente en la experiencia de Sadrac, Mesac y Abed-nego, relatada en el libro de Daniel.

Cuando se permitió a los judíos regresar a Jerusalén, algunos decidieron quedarse a vivir con sus familias en Babilonia. Estos judíos, continuaron practicando su religión y reuniéndose en sinagogas, y se les conoce como los judíos de la "diáspora". Muchos años más tarde, estos asentamientos judíos fuera de Palestina, fueron estratégicos para la expansión de la Iglesia cristiana en el primer siglo.

La comunidad que regresó del exilio tenía dudas acerca de restablecer a los descendientes de David en el trono de Judá. Ellos hacían responsables a sus reyes de haber llevado al país a la ruina moral, social y económica y en consecuencia a la destrucción del templo y la ciudad de Jerusalén (2 Reyes 21:10-15; 23:31-25:26). También estaban preocupados por la necesidad de proveer fondos para sostener el templo y sus servicios. Aunque Ciro había provisto para los primeros tiempos (Esdras 1:7-11), los libros de Hageo y Malaquías indican que la gente no cumplía con los diezmos para sostener el ministerio del templo (Hageo 1, Malaquías 3).

En el tiempo del último profeta del Antiguo Testamento, Persia era el imperio dominante, pero al comenzar el Nuevo Testamento, el imperio que prevalecía era Roma. Para comprender cómo ocurrió esto, estudiaremos la historia entre estos dos imperios. Para ello se necesita incorporar información que proveen algunos libros apócrifos de este período, como por ejemplo, los libros de Macabeos 1 y 2, escritos aproximadamente entre el siglo 3 y 1 a.C.

El período intertestamentario

La historia entre Malaquías y Mateo es muy importante para entender el N. T.

Durante los 400 años de silencio entre los dos Testamentos (425 a.C. – 4 a.C.). ocurrieron en el mundo y en la nación de Israel varios sucesos importantes.

A pesar de las reformas y el avivamiento religioso que hubo en tiempos de Esdras y Nehemías, Israel volvió a pecar, pero esta vez de formalismo religioso. Se cumplía con los rituales y sacrificios pero su conducta para con Dios y sus semejantes no era la correcta.

El imperio persa con Darío III, fue derrotado por Alejandro Magno y el imperio griego-macedonio adquiere el control sobre Israel (331 a.C.). Este imperio prevaleció hasta el año 167 a.C. Cuando muere Alejandro, al no tener descendientes, el imperio se divide entre sus cuatro generales: Tolomeo, que se quedó con Egipto; Lisímaco, con Tracia y Bitinia; Casandro, con Macedonia y Grecia; y Seleuco con Babilonia y Siria. Judea queda por un tiempo bajo Siria, y luego bajo Tolomeo de Egipto.

Aunque Alejandro había tratado bien a los judíos, los reyes de la dinastía de Tolomeo y Seleuco (seléucidas), fueron muy duros. En el año 198 a.C., Antíoco el Grande, de Siria, reconquistó Judea. Su sucesor, Antíoco Epífanes (174 a. C.) fue quién afectó más a los judíos. Prohibió el culto a Jehová y mató a todos los que le resistían. En el año 168 a. C., profanó el templo al ofrecer un cerdo (animal inmundo para Israel) como sacrificio en el altar de los holocaustos y dedicar el edificio del templo en honor al dios Zeus. Antíoco impuso la pena capital a quienes practicaran la circuncisión, destruyó todos los ejemplares que pudo encontrar de las Sagradas Escrituras, y cometió muchas otras crueldades y atrocidades.

Entre 167 y 63 a.C. se dio un período de independencia, esto debido a la revolución de los Macabeos, encabezada por Matatías, cuya familia fue la que más influyó en ese período, puesto que reconquistaron Jerusalén y consagraron el templo una vez más al servicio de Jehová (año 165 a.C.).

Durante el periodo griego ocurrieron algunos cambios importantes que luego facilitaron la propagación de la fe cristiana en el mundo. Un grupo de 70 sabios judíos tradujeron el Antiguo Testamento al griego, en la ciudad de Alejandría, Egipto (versión Septuaginta). También los países alrededor del mar Mediterráneo se unificaron bajo el idioma y la cultura griega.

En el año 63 a.C. el imperio romano reemplaza al griego, y permanece hasta el 476 d.C. Los romanos, bajo el mando del general Pompeyo, conquistan Judea y nombran a Antípater y sus hijos, como gobernadores sobre los judíos. Ellos eran edomitas descendientes de Esaú, hermano de Jacob. Herodes el Grande, hijo de Antípater, es el cruel rey Herodes mencionado en los Evangelios, que gobernaba Judea cuando nació Jesús. Reinó aproximadamente del año 47 al año 4 a.C.

Personajes
- **Ciro** (559-529 a. C.): Rey de Persia (hoy Irán) que formuló un edicto que permitía el regreso de los judíos a Jerusalén.
- **Alejandro Magno**: Hijo de Filipo II rey de macedonia y discípulo de Aristóteles. Debido a su habilidad militar en pocos años logró conquistar Persia en el 331 a.C.
- **Judas Macabeo**: Al morir su padre Matatías en el año 166 a.C., dirigió al ejercito judío contra el griego Antíoco IV Epífanes. Reconquistó la ciudad de Jerusalén y purificó el Templo consagrándolo nuevamente al servicio de Jehová.
- **Pompeyo**: Político y militar romano, que vivió del año 106 al 48 a.C. Logró extender los dominios del imperio romano, acabando con los piratas y era considerado héroe en Roma.
- **Poncio Pilato**: Según la tradición, fue condenado por Calígula en el 36 d.C y exiliado o desterrado a las Galias, (tierras habitadas por las tribus Celtas y conquistadas por Julio César entre el 58 y 51 a.C. Posteriormente se suicidó.

Zeus: Deidad de la mitología griega, considerado el padre de los demás dioses que habitaban en el monte Olimpo.

Lección 5 - Introducción al Nuevo Testamento

Situación política del mundo en el siglo I

Cuando Jesús nació el imperio romano unificaba naciones de tres continentes.

Edomitas o Idumeos: Pueblo descendiente de Esaú, hermano de Jacob. Fueron enemigos de Israel hasta que en el siglo 2 a. C. Juan Hircano los vence, los obliga a circuncidarse y los convierte en forma forzada al judaísmo. Desde entonces se consideran parte del pueblo judío.

En el año 63 a.C., cuando Pompeyo conquistó Judea, el mundo cambió para los israelitas. Aunque Roma respetaba las creencias de los pueblos conquistados, el deseo de libertad de los judíos y su seguridad de ser el único y verdadero pueblo de Dios, les trajo muchos problemas. Los romanos permitían que los pueblos bajo su dominio gozaran de ciertas libertades. En las "provincias" conquistadas los romanos nombraban como administradores, a personas con quienes estaban ligados por la amistad o intereses comunes, permitiendo una relativa autonomía. Este fue el caso de Herodes y sus hijos.

Las provincias romanas se dividían en dos categorías. Las provincias senatoriales, conquistadas en tiempo de la República (509 al 27 a.C) que dependían del senado y de un gobernador llamado "procónsul". En éstas, por lo general, no había legiones del ejército romano debido que la paz reinaba en ellas. En las provincias imperiales, se estacionaban las legiones y dependían directamente del emperador. Ellas estaban situadas en las partes más alejadas del imperio y eran gobernadas por senadores nombrados y destituidos por el emperador a su antojo.

Las provincias imperiales podían a su vez tener bajo su gobierno provincias secundarias que eran gobernadas por comandantes y por administradores, pero estos tenían un poder limitado. Por ejemplo, no podían juzgar a los ciudadanos romanos como ocurrió en el caso de Pablo (Hechos 25). Bajo el Imperio Romano Israel se convirtió en la provincia romana de Judea y tenía categoría de provincia secundaria bajo un gobernador, que a su vez respondía al gobernador de Siria.

Sumo Sacerdote: Era el sacerdote principal de los que ministraban en el tabernáculo o en el templo. Debía ser descendiente de Aarón por la línea de Sadoc. El llevaba ropas especiales, ungía al resto de los sacerdotes y era el único que podía entrar al Lugar Santísimo en el día de la expiación, una vez al año. Ofrecía primero sacrificio por sí mismo y luego por el pueblo.

En el año 6 d.C., Idumea y Samaria pasaron bajo el control directo de Roma, con un procurador dependiente de la provincia Siria. La administración romana se amplió además a Galilea y Perea. Como gobernador era nombrado un noble romano, que duraba normalmente en su cargo un par de años. Este tenía poder militar, judicial, y financiero, aunque limitado. Su residencia estaba en Cesarea y disponía de una fuerza militar modesta. Un grupo de soldados vivía en Jerusalén, en la fortaleza Antonia, mientras que había otros pequeños batallones ocupando las diversas fortalezas dispersas por el territorio. Durante las fiestas, el gobernador acudía a Jerusalén con una escolta para prevenir motines.

En el tiempo de Jesús, Poncio Pilato era el procurador romano, quien mandó crucificar a Jesús. Este no era apreciado por los judíos porque les provocó cuando al entrar por primera vez en Jerusalén lo hizo con sus insignias descubiertas y el estandarte con imagen del emperador. En otra ocasión se apoderó de la ofrenda del templo y con ese dinero mandó construir un acueducto.

La Ley de Moisés, era reconocida como ley de estado para todos los judíos de Palestina y los esparcidos por el imperio romano. El Sanedrín era la institución que se desempeñaba como corte de justicia, aunque solo el gobernador romano podía dictar sentencia de muerte. Este cuerpo estaba compuesto por 71 miembros escogidos entre los ancianos, sacerdotes y fariseos.

Hoy día también existen diferentes grupos religiosos. ¿Cuáles grupos son los más comunes en el pueblo o ciudad donde vive?

Todos los judíos estaban obligados a pagar tributos e impuestos destinados al tesoro imperial. Estos se recaudaban por medio de los "publicanos", judíos empleados de Roma, por lo que se les consideraba traidores. Sin embargo a los judíos no se les exigía participar del culto a los dioses del imperio, incluyendo el culto al emperador, por respeto a su religión. Los servicios en el templo eran conducidos por los sacerdotes, quienes ofrecían sacrificios por la mañana y por las tardes. Lo único que irrespetaron los romanos del sistema de adoración judío, fue que el gobernador nombraba al Sumo Sacerdote.

El culto al emperador *consistía en la adoración y culto a los emperadores romanos ya muertos, a los que se consideraba dioses.*

En el tiempo de Jesús Judá limitaba al norte con la provincia de Samaria. Los samaritanos eran una raza mezclada de judíos con pueblos idólatras que habían sido traídos por los asirios luego del exilio de Israel para poblar la tierra. Por su mezcla racial y religiosa los judíos del tiempo de Nehemías no les permitieron participar en la reconstrucción del templo, por lo cual ellos construyeron uno propio en el monte Gerizim, lo que provocó más tensión entre ambos pueblos.

¿Porqué es importante conocer el mundo en dónde el Nuevo Testamento fue dado?

Herodes Antipas, rey de los judíos

En el tiempo que nació Jesús los judíos tenían un idólatra rey extranjero.

Herodes Antipas había sido ministro de Hircano, uno de los Macabeos, pero muerto éste, y por la amistad que tenía con el César, fue nombrado rey de los judíos, en el 37 a.C. Era un valiente aventurero y al mismo tiempo violento, cínico y lleno de ambición por el poder. Gustaba de la construcción de espléndidos edificios, con los que engrandeció el reino. Se apoderó de toda Palestina y la Transjordania, desde las fuentes del Jordán hasta el Mar Muerto. Fundó el puerto de Cesarea en el Mediterráneo y tenía negocios por el mar Rojo.

Además de Cesarea, Herodes reconstruyó Samaria y restauró Jerusalén, construyendo un acueducto y el nuevo templo, así como la restauración de la tumba de los patriarcas. Otras de sus construcciones fueron la de la Torre Antonia, la fortaleza de Masada, Herodión y Maqueronte, además de un nuevo palacio real, fortificado con tres torres.

Legión romana: *término militar usado en el ejército romano que equivalía a cinco mil o seis mil soldados.*

A pesar de todas las buenas cosas que hizo Herodes, los judíos lo odiaban por varios motivos:

• No era judío, sino idumeo, pueblo que había sido gran enemigo de Israel.

Lección 5 - Introducción al Nuevo Testamento

Galilea: Región al norte de Israel que en el tiempo de Jesús tenía una población mezclada. Casi todos los discípulos, al igual que Jesús, provenían de dicha región.

- Tenía buenas relaciones con Roma.
- Levantó lugares de culto al emperador en diferentes ciudades judías.
- No respetaba la autoridad del Sanedrín, ni a los líderes religiosos de Israel, ni la ley de Moisés.
- Asesinó a sus propios hijos, Alejandro y Aristóbulo, a su mujer Mariamme, e incluso dejó órdenes para que a su muerte se ejecutara a cierto número de nobles para que alguien llorara en sus pompas fúnebres.
- Mandó asesinar a los niños en la ciudad de Belén tratando de destruir al Mesías.

Los grupos político-religiosos en Palestina

Cesarea: Ciudad construida por Herodes en honor a Augusto César en la costa de Judea (104 km al NO de Jerusalén).

La diversidad religiosa en el siglo I era semejante a nuestro mundo posmoderno.

En el primer siglo, en Palestina, la religión ocupaba un lugar muy importante y estaba relacionada con asuntos sociales y políticos. Las mismas personas ejercían la autoridad religiosa y la política. Existía una variedad de grupos religiosos con los cuales Jesús tuvo su encuentro; dialogó con ellos y muchas veces les recriminó públicamente por sus abusos de poder.

Los **fariseos**, cuyo nombre significa "los separados", eran sacerdotes que vivían sujetos a las tradiciones y mandamientos de la ley de Moisés, especialmente el diezmo y las leyes de pureza ceremonial que se describen en el libro de Levítico del capítulo 11 al 16. Los fariseos fueron muy importantes para Israel porque se convirtieron en los defensores de la tradición judía y se oponían a la nueva corriente que quería convertir todo a la cultura griega.

Circuncisión: Desde los tiempos de Abraham (Génesis 17:24) los hombres de Israel cortaban la piel que recubre el glande del pene, llamada prepucio. Este ritual se adoptó como señal externa del pacto.

En el siglo 2 a. C., se produce una división entre los fariseos y surge el grupo de los **saduceos**, formado por sacerdotes y ancianos que se oponían a los fariseos. Eran muy estrictos en sus creencias doctrinales y tenían su propio código penal. Fue un grupo muy influyente porque su poder económico era muy grande.

Los **escribas** se formaron como grupo al mismo tiempo que los saduceos. Estos eran sacerdotes especialistas en la interpretación de la Ley. Eran de la clase media y baja de la población sacerdotal. El poder de los escribas estaba en su conocimiento, el cual era adquirido por muchos años de estudio. Eran llamados "rabí", es decir, maestro y eran los únicos autorizados como instructores de la doctrina. Su educación les permitía trabajar como maestros, administradores y abogados. Todos los miembros del Sanedrín que eran escribas, a su vez, eran fariseos.

La palabra "sanedrín" significa "sentarse juntos". Formado por 71 de los hombres principales de Israel: sacerdotes, nobles y escribas. Lo presidía el sumo sacerdote. Administraba justicia en asuntos civiles y religiosos.

Los **zelotes** conformaban un grupo de resistencia política contra el imperio romano. Fueron los principales responsables de la rebelión que llevaría a la destrucción de Jerusalén en el año 70 d. C.. Es muy probable que uno de los discípulos de Jesús, era zelote (Lucas 6:15). Los **herodianos** eran un grupo político que favorecía al rey Herodes. La alianza de éstos y los fariseos para destruir a Jesús puede apreciarse en la historia narrada en los evangelios.

Los **esenios** conformaban una comunidad ascética, la cual era muy estricta en sus normas y reglas. Practicaban la negación voluntaria de placeres tales como el comer, el descanso, las comodidades, el sexo, entre otros. Eran muy severos en su conducta: no daban lugar a la ira, guardaban el sábado con mucha rigidez y eran muy cuidadosos en su higiene personal. Se asemejaban a los fariseos en cuanto a su apego estricto a la ley.

El mundo Greco-Romano y la expansión del cristianismo

El escenario mundial del siglo I fue clave para la expansión del evangelio.

La civilización del primer siglo es llamada greco-romana porque estuvo influenciada principalmente por la cultura griega y la romana. Las ideas y costumbres propias de los pueblos conquistados fueron poco a poco desapareciendo y en cambio se adoptaron los hábitos y costumbres de Grecia y Roma. Inclusive los judíos de Palestina -a pesar de su gran celo por las enseñanzas de sus padres, habían adoptado el pensamiento filosófico griego y nuevas formas de vivir.

Aunque los romanos establecieron los principios políticos y administrativos del imperio, los griegos fueron el molde de la vida intelectual, pues la cultura griega dominaba todo el mundo civilizado. En otras palabras, el mundo le pertenecía a Roma políticamente hablando, pero era griego culturalmente y la religión era politeísta (la gente podía escoger entre una variedad de dioses griegos, culto al emperador y religiones orientales).

El imperio romano y sus ventajas para la expansión del Cristianismo

- Rapidez para las comunicaciones - *Las noticias viajaban rápidamente por todo el imperio.*
- Carreteras y rutas comerciales - *Se podía viajar fácilmente a las distintas regiones. Viajar por el imperio era seguro.*
- Grandes ciudades o centros poblados - *Estratégicamente Pablo escogió las ciudades más grandes para iniciar iglesias, desde dónde la Palabra se difundía a los pueblos más pequeños.*
- El comercio florecía y los logros eran disfrutados por todos. - *Había cierta prosperidad económica lo que daba a los ciudadanos tiempo para pensar en asuntos espirituales.*
- Roma adoptó la cultura y filosofía griega. La cultura griega fue el poder intelectual de mayor influencia en la historia del mundo - *Se estableció el griego como un idioma universal lo que facilitó la difusión de las enseñanzas de Jesús.*
- El politeísmo no podía satisfacer las necesidades espirituales de la gente. La influencia de las religiones orientales con su espiritualidad alimentaron el hambre de la gente por conocer al Dios verdadero - *El cristianismo aprovechó esta profunda necesidad de conocer la verdad que había en los pobladores del imperio.*

¿QUÉ APRENDIMOS?

Dios envió a su Hijo en el tiempo histórico propicio, para que diera testimonio a Israel antes de su destrucción en el año 70 d. C. y para que fundara la Iglesia Cristiana. El imperio romano en el siglo I proveyó un contexto de oportunidad para la propagación del mensaje de salvación por todo el imperio romano.

Lección 5 - Introducción al Nuevo Testamento

Actividades

INSTRUCCIONES:

1. ¿Qué fué lo positivo que le dejó al pueblo de Israel la cautividad babilónica?
___
___

2. ¿Cuál era la condición espiritual del pueblo judío en el tiempo que nació Jesús?
___
___

3. ¿Según su opinión cómo estaban desempeñando su función los líderes religiosos de Israel?
___
___

4. En grupos de tres o cuatro identifiquen los aspectos del imperio romano que favorecieron la expansión del cristianismo y encuentre las semejanzas con el presente mundo globalizado.

Mundo del imperio romano siglo I	Mundo en el siglo XXI

5. En los mismos grupos respondan: a) ¿Será este tambien un tiempo de oportunidades para la propagación del evangelio? b) ¿Qué oportunidades debería aprovechar la iglesia del siglo XXI?
___
___
___
___
___

Lección 6

Los Evangelios y Hechos

Objetivos
- Conocer aspectos generales de los Evangelios y Hechos.
- Identificar el propósito principal de cada libro.
- Valorar el mensaje de estos libros para el día de hoy.

Ideas Principales
- Los cuatro evangelios narran la vida y enseñanzas de Jesús y los Hechos, la historia de los primeros cristianos.
- A Mateo, Marcos y Lucas se les llama "evangelios sinópticos", porque sus historias llevan un orden semejante.

Introducción

Los primeros tres evangelios son llamados sinópticos, porque brindan una sinopsis (o síntesis) y siguen el mismo esquema en la narración de los eventos. Algunos opinan que las similitudes se deben a que Lucas y Mateo usaron como fuente común al evangelio de Marcos, que fue el primero en ser escrito. El evangelio de Juan está organizado con un esquema diferente a los otros tres.

Los tres primeros evangelios son conocidos como los "sinópticos"

¿Cuáles son las diferencias entre los sinópticos y el evangelio de Juan?

- Los sinópticos tienen el propósito de contar la historia para los no cristianos con fines evangelísticos. Juan en cambio escribe para edificar a las iglesias cristianas.

- En los sinópticos, se describe con más detalle el ministerio de Jesús en Galilea; pero Juan se enfoca más en su ministerio en Judea.

- En los primeros tres, se habla más de la vida pública de Jesús; pero en Juan se habla más de su vida privada.

- En los sinópticos impresiona la humanidad real y perfecta de Cristo; en el cuarto, se revela su imponente y auténtica divinidad.

¿Porqué cuatro evangelios?

Posibles razones para cuatro evangelios.

Hay varias razones que se pueden mencionar del porqué de la existencia de cuatro evangelios:

En primer lugar, cada uno de los evangelistas escribe a grupos de personas diferentes. Mateo escribe a los judíos, por eso presenta a Jesús en su Evangelio como el Mesías. Marcos escribe a los romanos, un pueblo cuyo ideal era el poder y el servicio, así es que les presenta a Cristo como conquistador poderoso. Lucas escribió para los griegos, cuyo ideal era el hombre perfecto, por eso presenta a Cristo como la expresión de ese ideal. Juan tiene en la mente las necesidades de los cristianos de todas las naciones, por lo que escribe a la iglesia y presenta las verdades más profundas del Evangelio.

En segundo lugar, un sólo evangelio no hubiera sido suficiente para presentar los muchos aspectos de la persona de Cristo. En tercer lugar, los evangelistas escribieron sus registros desde sus diferentes puntos de vista. Eso explica las diferencias entre sus relatos, las omisiones y los detalles adicionales que alguno de ellos provee, sus aparentes "contradicciones" ocasionales, y las diferencias en el orden cronológico de los sucesos.

Por último, estos escritores no buscaban escribir una biografía completa de Cristo, sino que su motivación era satisfacer las necesidades de la gente para la que escribían. Es por esto que escogieron aquellos incidentes y enseñanzas que darían énfasis a la verdad que ellos buscaban transmitir sobre Jesús. Por ejemplo, Mateo escribió para los judíos, por lo que la selección de los eventos tiene el propósito de dar énfasis al hecho de la misión mesiánica de Jesús.

Aspectos literarios de los evangelios

Los autores, los destinatarios y el propósito.

Cuando hablamos de aspectos literarios de los diferentes libros de la Biblia nos referimos a asuntos que tienen que ver con autoría, fecha, lugar donde fue escrito, destinatarios, propósito del autor, entre otros. Conocer estos datos contribuye a una mejor comprensión de cada libro.

Mateo, es el evangelio que presenta a Jesús como el rey Mesías. Su autor, Mateo había sido recaudador de impuestos bajo el gobierno romano. La tradición dice que Mateo predicó algunos años en Palestina y que luego visitó otros países. El libro se fecha entre el 60 y 70 d.C.

Los destinatarios son los judíos. Mateo conociendo sus grandes esperanzas, expone a Jesús como el Mesías cuya venida habían anticipado los profetas de Israel. La profecía del Antiguo Testamento termina con la promesa de un rey que había de venir a Israel. El propósito de su evangelio es demostrar que Jesús era ese rey, pero que los judíos lo rechazaron, y como resultado de esto, ellos también fueron rechazados de su posición y favor divino. Usa un gran número de citas del Antiguo Testamento (unas 60) para probarlo.

Marcos presenta en su evangelio a Jesús como el conquistador poderoso. Marcos era hijo de María, una mujer de Jerusalén, cuyo hogar estaba abierto para los cristianos (Hechos 12:12). Acompañó a Pablo y a Bernabé en el primer viaje misionero, pero luego se regresó a Jerusalén. Esto no le pareció bien a Pablo que luego se negó a llevarlo nuevamente y por esto Bernabé se separó de Pablo y lo llevó consigo a Chipre (Hechos 15:36-41). Marcos tuvo éxito en su ministerio pues Pedro hace mención de él (1 Pedro 5:13), y Pablo

Contenido de Mateo
1. La llegada del Mesías (1:1 a 4:11).
2. El ministerio del Mesías (4:12 a 16:12).
3. La reclamación del Mesías (16:13 a 23:39).
4. El sacrificio del Mesías (24 al 27).
5. El triunfo del Mesías (28).

Contenido de Marcos:
1. La venida del gran conquistador (1 al 2:12).
2. El conflicto del Rey poderoso (2:13 al 8:21).
3. Su derecho al reino de poder (8:31 al 13:37).
4. Preparación para el establecimiento del Reino (14 al 15:47).
5. Jesús y su reino espiritual (16).

Contenido de Lucas:
1. Introducción (1:1-4).
2. Llegada del hombre divino (1:5 a 4:13).
3. Ministerio en Galilea (4:14 a 9:50).
4. Ministerio en Perea (9:51 a 19:28).
5. Crucifixión y resurrección (19:29 a 24:53).

Contenido de Juan:
1. Prefacio (1:1-18).
2. La revelación de Cristo al mundo (1:19 al 6:71).
3. El rechazo de Cristo (7:1 al 12:50).
4. La manifestación de Cristo a sus discípulos (13 al 17).
5. La humillación y glorificación de Cristo (18 al 21).

cambió su opinión respecto a Marcos (2 Timoteo 4:11). El testimonio de los Padres de la Iglesia dice que Marcos acompañó a Pedro a Roma como su intérprete, y que compiló este evangelio de las predicaciones de Pedro.

El libro fue escrito entre el 60 y el 70 d.C. para los romanos, un pueblo orgulloso, que se gloriaba del poder de sus ejércitos. Marcos da prominencia especial a los milagros de Jesús como manifestación de su poder sobrehumano. Presenta las obras de Cristo, como el redentor de la humanidad enviado del Padre, para que la humanidad crea en el único Dios verdadero. En su evangelio prueba que Jesús no vino solo para los judíos, sino para los pueblos de todas las naciones.

Lucas en su evangelio presenta a Jesús como el hombre perfecto y divino. Lucas era el médico griego compañero de Pablo. Los escritores cristianos de los primeros siglos dicen que este evangelio era en sustancia, el mismo que Pablo y él habían predicado entre los griegos y que fue distribuido a los griegos en el 63 d.C. Los griegos estaban obsesionados con la perfección del ser humano en lo moral, intelectual y físico. Lucas presenta a Jesús como el hombre ideal, perfecto y universal. En su libro demuestra que Jesús ha venido para salvar a los hombres del pecado por medio de su muerte.

El evangelio de **Juan** presenta a Jesús como el Hijo de Dios. El libro se fecha en el año 90 d.C. Juan expone en su evangelio las verdades más profundas que aprendió como discípulo cercano a Jesús. Escribe para los cristianos de todo el imperio, quienes anhelaban conocer las verdades más profundas del evangelio. Presenta a Cristo como el Verbo encarnado, el Hijo de Dios (Juan 20:31). A diferencia de los sinópticos que narran la historia de Jesús en forma objetiva, Juan provee una interpretación espiritual.

Evans (Evans 1990, p. 97) provee un resumen comparativo del enfoque de cada uno de los cuatro evangelios:

Evangelio	Escrito a	Prueba	Registra especialmente	Pensamiento central	Palabra prominente
Mateo-Rey	Judíos	Jesús el Mesías Rey	Discursos	Realeza	Cumplido
Marcos-Siervo	Romanos	Jesús el Siervo de Dios	Milagros	Servicio	Inmediatamente
Lucas-Hombre	Griegos	Jesús el Hijo del Hombre perfecto	Parábolas	Humanidad	Compasión
Juan-Deidad	Cristianos	Jesús Divino Hijo de Dios	Discursos	Divinidad	Creer

La moneda del templo: *En el tiempo de Jesús la gente necesitaba cambiar dinero porque en el Templo no se aceptaba ofrendar, ni comprar animales para el sacrificio en moneda extranjera. Los cambistas estafaban a la gente que venía a adorar con el tipo de cambio que daban. Jesús repudió a estos comerciantes judíos, quienes en complicidad con el sacerdocio de la época, se enriquecían aprovechándose de la necesidad espiritual de la gente.*

La vida de Jesús

Jesús vino para cumplir la misión encomendada por su Padre.

Jesús nació antes de la muerte del rey Herodes, ocurrida en el 4 a.C., y cerca del tiempo del censo ordenado por el Cesar Augusto, entre los años 7 al 4 a.C. Podemos afirmar entonces que Jesús nació entre el año 4 y el 5 a.C. y no en el año 1 de nuestra era. La diferencia se debe a que fue hasta 600 años después del nacimiento de Jesús que la historia empezó a contar los días a partir de este acontecimiento. Dionysius Exiguus, con los datos que tenía en ese momento fue contando hacia atrás y fijó lo que él creyó era la fecha exacta. Basados en sus cálculos se estableció el calendario cristiano que todavía usamos hoy. No fue hasta siglos después que se recalculó la fecha y se descubrió el error, pero ya era imposible cambiar el año calendario.

En la primera infancia de Jesús, sus padres José y María tuvieron que huir hacia Egipto para salvar su vida. Cuando pasó el peligro regresaron y se radicaron en Nazaret. A partir de allí no hay más registros de su infancia salvo el incidente en el templo (Lucas 2:41-52) aunque Lucas 2:52 dice: "*Y Jesús crecía en sabiduría y en estatura y en gracia para con Dios y los hombres*" (RV 1960).

El ministerio de Jesús comienza cuando se presenta ante Juan el Bautista, en el río Jordán para ser bautizado. Luego fue llevado por el Espíritu Santo al desierto. Tanto Mateo 4:1-11, Marcos 1:12-13 y Lucas 4:1-13, presentan el diálogo dramático entre Jesús y Satanás en el desierto donde Jesús rechaza decisivamente tres propuestas diabólicas, citando el libro de Deuteronomio (6:13,16 y 8:3). Después de su regreso, llama a los primeros discípulos (Juan 1:35–51), hace varios milagros en Galilea y Jerusalén (Juan 2 y 3), y luego se dirige a Samaria (Juan 4:1-42).

Al ser Juan el Bautista encarcelado, Jesús inicia en Galilea un amplio ministerio de enseñanza y muchas sanidades milagrosas y en consecuencia ganó popularidad rápidamente. Su mensaje consistía en anunciar que el Reino de Dios había llegado y estaba cerca de la gente (Marcos 1:14). Para ser parte de este reino había que arrepentirse de pecado, lo cual no fue aceptado con gusto por todos. En la sinagoga de Nazaret, por ejemplo, sus mismos vecinos le echaron de la ciudad (Lucas 4:16-30) y le obligaron a trasladar su base a Capernaum. Desde allí, Jesús llevó su ministerio en todas partes de Galilea durante más de un año (Marcos 1:14–6:34; Juan 4:46-54), mostrando su poder sobre la naturaleza (Marcos 4:35-41; 6:34-51), sobre los demonios (Lucas 8:26-39; 9:37-45), sobre las enfermedades (Mateo 8:1-17; 9:1- 8), y aún sobre la muerte (Mateo 9:18-26; Lucas 7:11-17).

El Sermón del Monte (Mateo 5-7) es una buena compilación de la doctrina que enseñaba. En este sermón Jesús afirmó tener autoridad completa para la interpretación del Antiguo Testamento. Reveló también su amor y compasión por los angustiados y oprimidos (Mateo 9:1- 8, 18-22; Lucas 8:43-48). En muchas ocasiones declaró que había venido a buscar y

Cena Pascual: Comida que se hacía en la semana de la celebración de la pascua, que consistía en cordero asado, hierbas amargas y pan sin levadura y jugo de uva, en conmemoración a la liberación de Israel de Egipto. La última comida de Jesús con sus discípulos fue esta y allí estableció el sacramento de la Cena del Señor.

> **Fiesta del Pentecostés:** Celebración que se realizaba en los cincuenta días después de la Pascua y terminaba con el Día de Pentecostés. Conmemoraba la fecha cuando Israel recibió la ley de Moisés en el desierto, cincuenta días después de haber salido de Egipto.

> *La profecía de Jesús Mateo 24 y 25 sobre la destrucción de Jerusalén, se cumplió en el año 70 d. C. cuando el general romano Tito arrasó con la ciudad.*

a salvar a los perdidos, y ejerció su autoridad divina de perdonar pecados (Lucas 5:20-26).

En cuanto a la preparación de los discípulos Jesús llamó y escogió a doce personas (Mateo 10:1-4) y les dedicó tiempo preparándoles para ser sus apóstoles. Usó variadas técnicas de enseñanza como parábolas, discusiones, enseñanzas directas, y su continuo ejemplo personal.

Jesús tuvo que enfrentarse a enemigos mientras transcurría su ministerio. La oposición de los gobernantes y maestros religiosos de los judíos crecía rápidamente (Lucas 14:1). El deseo de ellos era encontrar alguna falta en Jesús con el fin de acusarle, dañar su reputación frente a las multitudes que le seguían y entregarle a las autoridades romanas para ser ejecutado (Mateo 19).

En la última semana antes de ser crucificado, Jesús entró como el Mesías esperado en Jerusalén y fue aclamado por las multitudes (Marcos 11:1–10). Se dirigió al Templo y echó fuera a los que cambiaban dinero y vendían animales para los sacrificios, usando su autoridad como Mesías. En los días siguientes se dedicó a enseñar en el Templo y preparó a sus discípulos para su muerte y resurrección. También profetizó sobre el triste final que esperaba a la ciudad de Jerusalén y sus habitantes y sobre las señales de su segunda venida como Rey de reyes y Señor de señores (Mateo 24 y 25).

Antes de ser arrestado, Jesús lavó los pies de sus discípulos (Juan 13:1–17) y anunció que Judas lo traicionaría (Marcos 14:18-21). Esa noche instituyó la Cena del Señor (Marcos 14:22-25) y les compartió varias enseñanzas (Juan 13-17). Después de la Cena, se trasladaron al huerto de Getsemaní, en donde Jesús tuvo una lucha agónica en oración, y se entregó sin reservas a la voluntad de su Padre. Entonces se dejó arrestar y voluntariamente sufrió el maltrato, la condena injusta ante el sanedrín, y la crucifixión. Esta tortura culminó en la cruz, después de varias horas de agonía (Marcos 15:34).

Esa era la misión para la que había venido, "dar su vida en rescate por muchos" (Marcos 10:45), por lo que pudo entregarse en las manos de Dios, sabiendo que el trabajo que su Padre le encomendó había sido cumplido (Lucas 23:46; Juan 19:30). Algunos amigos bajaron su cuerpo de la cruz y lo sepultaron. Al tercer día, muy temprano el domingo, algunas mujeres fueron a la tumba y la encontraron vacía (Marcos 16).

Ese mismo día, Jesús apareció con vida a varios de sus seguidores, dándoles pruebas de su resurrección (Mateo 29:9-10; Lucas 24:13-31; Juan 20:11-21:22). Pasaron cuarenta días en los cuales Jesús se les apareció una y otra vez, especialmente a sus discípulos, para darles nuevas enseñanzas sobre la correcta interpretación del Antiguo Testamento, la venida del Espíritu Santo, la misión mundial y así prepararlos para desempeñarse como líderes espirituales en la nueva iglesia (Lucas 24:51; Hechos 1:9-11). Días después de la ascensión de Jesús, el Espíritu Santo llenó los corazones de los 120 discípulos reunidos en el día de la fiesta de Pentecostés y se dio inicio al ministerio de la Iglesia Cristiana.

Los Hechos de los Apóstoles

La historia de los primeros cristianos nos provee un modelo digno de imitar.

Este libro narra la expansión de la Iglesia desde Jerusalén hasta Roma, capital del imperio. En su mayor parte habla del ministerio de Pedro y Pablo y en especial de este último, el cual llevó a cabo tres viajes misioneros, estableciendo iglesias por casi todas las provincias alrededor del mar Mediterráneo.

Lucas es el autor, probablemente en el año 63 d.C, dos años después del encarcelamiento de Pablo en Roma. En su libro relata la historia del establecimiento y crecimiento de la Iglesia Cristiana y la proclamación de las buenas nuevas del evangelio al mundo entonces conocido. Su propósito es demostrar como la iglesia que había sido fundada por Cristo se desarrolló en las primeras etapas de su historia guiada por el Espíritu Santo. El libro -que exhibe la naturaleza, principios y propósitos de la Iglesia- fue escrito en particular a Teófilo, un hermano cristiano, pero en general para toda la iglesia.

Contenido de Hechos:
1. La iglesia de Jerusalén (1 al 8:4).
2. La iglesia en Palestina y Siria (8:5 al 12:23).
3. La iglesia de los gentiles (12:24 al 21:17).
4. Las escenas finales en la vida de Pablo (21:18 al 28:31).

Los sucesos de la vida de Jesucristo en los Cuatro Evangelios

Evangelios	Mateo	Marcos	Lucas	Juan
Existencia pre-encarnada de Jesús				1:1-3
Su nacimiento y niñez	1,2		1,2	
Juan el Bautista	3:1-12	1:1-8	3:1-20	1:6-42
El bautismo de Jesús	3:13-17	1:9-11	3:21-22	
La tentación	4:1-11	1:12-13	4:1-13	
El milagro preliminar				2:1-11
Primer ministerio en Judea (unos 8 meses).				2:13 a 4:3
Visita a Samaria				4: 4-42
Ministerio en Galilea (cerca de 2 años).	4:12 a 19:1	1:14 a 10:1	4:14 a 9:51	4:43-54 y 6:1-7:1
Ministerio en Perea y Judea (Unos 4 meses).	19 y 20		9:51 a 19:28	7:2 a 11:57
La última semana	21 al 27	11-15	19:29 a 24:1	12 al 19
Después de la resurrección	28	16	24	20-21

¿Qué Aprendimos?

Los cuatro evangelios proveen el testimonio de cuatro personas con diferentes énfasis sobre la vida y ministerio de Jesús. El libro de los Hechos contiene la historia de los primeros cristianos y la expansión del cristianismo por medio del ministerio de los apóstoles, especialmente de Pablo.

Lección 6 - Los Evangelios y Hechos

Actividades

Tiempo 20'

INSTRUCCIONES:

1. ¿Por qué a los tres primeros evangelios se les llama sinópticos?
_____
_____

2. Describa con sus propias palabras las ventajas de contar con cuatro evangelios.
_____
_____

3. ¿Cuál es su pasaje preferido de los evangelios y porqué es tan importante para usted? Luego de responder busque a otro estudiante para compartir uno con el otro su respuesta.
_____
_____

4. En grupos de 3 o 4 integrantes lean Hechos 2:43-47. Completen el cuadro abajo. Hagan una lista de las características que describen el estilo de vida de esta iglesia ejemplar y luego evalúen el estilo de vida de la gente de sus iglesias usando la siguiente tabla:
1-4 Baja / 5-7 mediocre / 8-9 Bastante Bueno/ 10 Excelente

Estilo de vida de una iglesia ejemplar	Evaluación de mi iglesia local

5. En los mismos grupos propongan ideas que podrían mejorar en su iglesia aquellos aspectos en los que ha salido baja y mediocre.
_____
_____
_____
_____

Lección 7

LAS EPÍSTOLAS DE PABLO

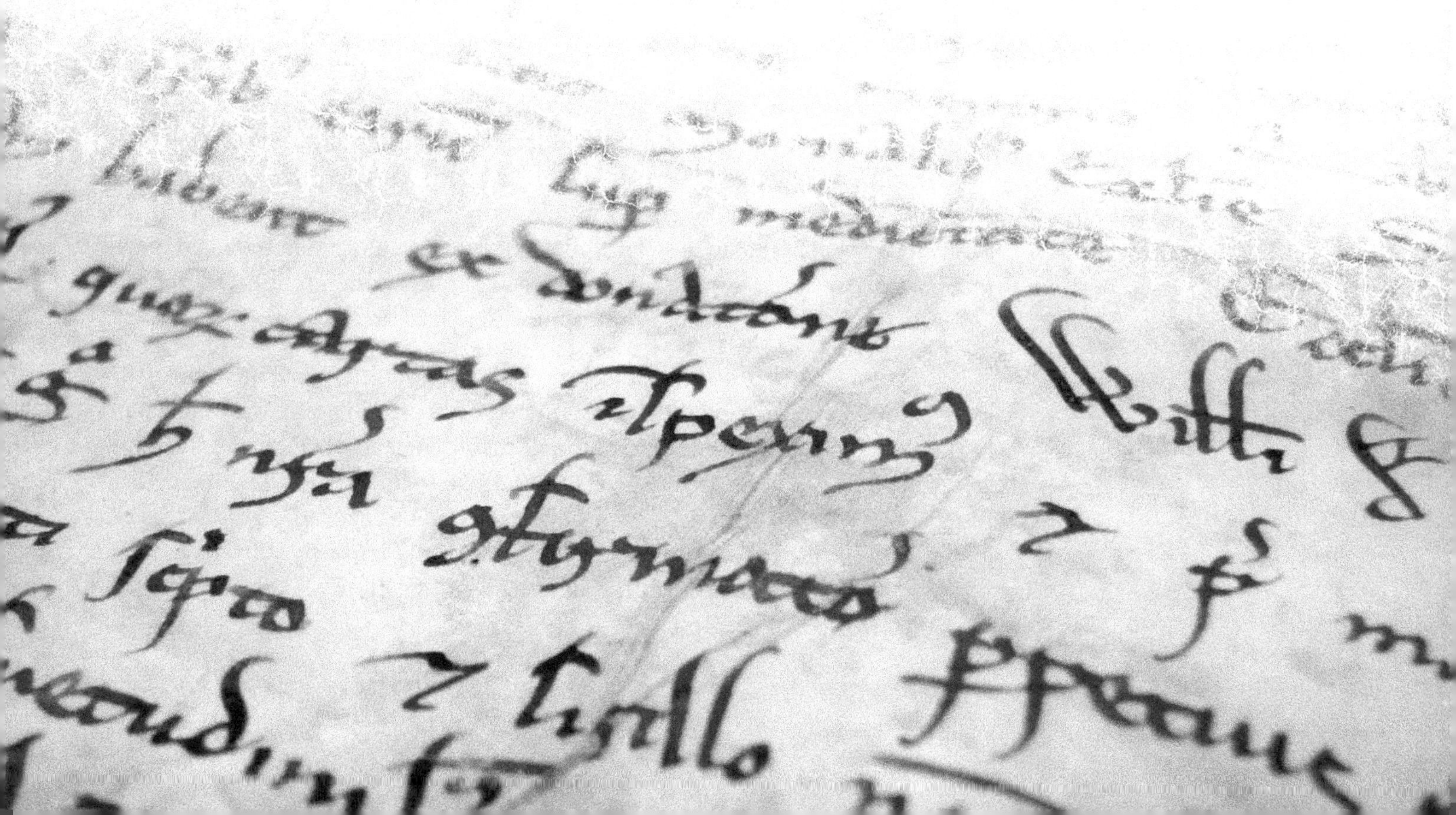

Objetivos

- Conocer el contenido general de las epístolas paulinas.
- Identificar aspectos generales de cada una.
- Reconocer la importancia de sus enseñanzas en la actualidad.

Ideas Principales

- El apóstol Pablo fue un fariseo convertido al cristianismo, llamado como misionero a los gentiles.
- Sus cartas nos brindan consejos prácticos para la vida cristiana.
- Las cartas a Timoteo y Tito contienen instrucciones para los pastores.

Pablo: Su nombre era Saulo de Tarso. Nació en la ciudad de Tarso, en la provincia de Cilicia (hoy Turquía) entre 5 y 10 d.C. Tenía una edad semejante a la de Jesús. Pablo recibió la mejor educación para un judío de su época, también se formó en la cultura griega. Era fariseo, ciudadano romano y hablaba varios idiomas, lo cual le permitió llevar el evangelio por todo el imperio romano. Estuvo preso y fue muerto en Roma en el año 65.

Gentil: Término que usaban los hebreos para referirse a una persona que no era judía

Introducción

¿Quién era Pablo? Anteriormente a Pablo se le conocía con el nombre de Saulo de Tarso. Nació entre el año 5 y el año 10 d.C. en Tarso de Cilicia, en la costa sur del Asia Menor (actual Turquía) de una familia judía de la tribu de Benjamín (Romanos 11:1; Filipenses 3:5). Durante su adolescencia estudió a los pies del famoso maestro Gamaliel (Hechos 22:3). Tras la muerte de Jesús, hacia el año 33 d. C., Saulo fue un activo perseguidor de las comunidades de discípulos, siguiendo órdenes de los líderes judíos. De hecho el participó y aprobó la ejecución de Esteban (Hechos 7).

En el año 36 d.C., según el libro de los Hechos y su propio testimonio en las epístolas, cuando iba camino a Damasco persiguiendo a los cristianos, se le apareció Jesucristo y se convirtió al cristianismo. Posteriormente fue bautizado y a partir de ese momento, Pablo se convierte en fiel seguidor de Cristo y predicador del Evangelio. Fue llamado "el apóstol a los gentiles" es decir, los no judíos. Viajó como misionero estableciendo congregaciones por Grecia, Asia Menor, Siria, Palestina y escribió cartas a dichas iglesias.

Realizó tres viajes misioneros: en el primero evangelizó a los pueblos de alrededor de Cilicia, en el segundo recorrió las ciudades de Grecia, especialmente Atenas y Corinto, y en el tercero, aún en Grecia, se centró en Éfeso. En la época del emperador Nerón, Pablo fue conducido a Roma, donde aprovechó su encarcelamiento en una casa alquilada para compartir enseñanzas y consolidar la iglesia en esa ciudad. Salió en libertad pero lo apresaron nuevamente tiempo después y fue martirizado.

A sus cartas se les reconoce como epístolas paulinas, porque fueron escritas por el apóstol Pablo. Cada una de ellas está dirigida a una iglesia en particular o a una persona, como el caso de la carta a Filemón. Fueron escritas durante el primer siglo y su fin era exhortar a los cristianos de las iglesias que él fundó en sus viajes misioneros. La razón de estas cartas era instruir a los creyentes sobre diversos asuntos doctrinales, sobre el estilo de vida del cristiano en el mundo y sobre la organización y la administración de los ministerios en la iglesia.

Clasificación de las Epístolas (Cartas) Paulinas:

Escatológicas	Soteriológicas o sobre la salvación	Eclesiológicas o de la iglesia	Pastorales
I de Tesalonicenses II de Tesalonicenses	Gálatas I de Corintios II de Corintios Romanos	Efesios Colosenses Filemón Filipenses	I Timoteo II Timoteo Tito
Escritas durante su segundo viaje misionero	*Escritas en el tercer viaje misionero*	*Escritas desde la prisión en Roma*	*Escritas a colaboradores de Pablo*

Cilicia: Provincia romana de Asia Menor situada en lo que hoy es Turquía. Lugar de nacimiento de Pablo dónde evangelizó poco después de su conversión y se formó una de las primeras comunidades cristianas (Gálatas 1:21).

Fecha y contenido de las cartas Paulinas

En el Nuevo Testamento hay trece cartas de Pablo

Romanos: El tema central de la carta es la justificación por fe y la santificación a través del Espíritu Santo.

Fecha y Lugar: Entre enero y marzo del año 58-59. Fue escrita en Corinto, dirigida a un hombre llamado Tercio.
Propósito: Pablo demuestra que todos los hombres, judíos y gentiles, están condenados por sus pecados; enseña que la salvación es por fe y obrada por la gracia de Dios y no por la ley o las obras. Explica como la gracia de Dios es suficiente para llevar a todo pecador a ser un hijo de Dios y vivir en santidad. Provee además una guía para la vida cristiana.

1 Corintios: El tema central es la conducta cristiana en relación a la iglesia, el hogar y el mundo.

Fecha y lugar: Probablemente entre el año 54 y 57. En Éfeso, pues según Hechos 20:31, Pablo vivió tres años allí. Fue escrita a la iglesia en Corinto.
Propósito: Guiar a la iglesia en medio de la difícil situación que estaban atravesando; arrastrados por la fanática adhesión personal de unos a Pablo, otros a Pedro y otros a Ápolos, lo que ponía en grave peligro la unidad de la iglesia. Además Pablo confronta el problema de aquellos hermanos que seguían participando en los rituales a otros dioses y en las costumbres corrompidas de la gente de esa ciudad, trayendo la inmoralidad al seno de la iglesia, lo cual requería ser inmediatamente corregido.

La carta enseña que los cristianos conforman la iglesia que es el Cuerpo de Cristo, y que por lo tanto, deben abstenerse de practicar el pecado de la sociedad en que viven, separándose de todo aquello que daña o

Contenido Romanos:
1. Aspectos doctrinales (1:16 -11:36).
2. Exhortaciones (12:1 -15:13)

Contenido de 1 Corintios:
1. Corrección de desórdenes morales y sociales (1-8).
2. Autoridad apostólica (9).
3. Orden en la iglesia (10 - 14).
4. La resurrección (15).
5. Conclusión (16).

Corinto: Ciudad y puerto comercial muy rico de Grecia. Había muchos comerciantes, artesanos y funcionarios romanos y dos tercios de su población eran esclavos. Tenía mezcla de culturas y multitud de templos y altares a diferentes dioses. En el santuario de la diosa Afrodita había más de mil prostitutas "sagradas" con quienes los hombres de la ciudad y los visitantes se relacionaban. Era una ciudad famosa por sus vicios y pecados.

contamina. También aclara dos asuntos: que los dones recibidos del Espíritu son dados para la edificación de la iglesia; y que la resurrección después de la muerte está garantizada para los hijos de Dios.

2 Corintios: el tema principal de esta carta es dar testimonio del ministerio fiel de Pablo como apóstol, sus motivos, su entrega y sus sufrimientos por causa del evangelio.

Fecha y lugar: Después de enviar su primera carta a los corintios, Pablo envió a Timoteo y después a Tito, para que efectuaran ciertas reformas, y para que le informaran sobre el efecto de su carta. Cuando Pablo salió de Éfeso y llegó a Macedonia, Tito llegó a su encuentro con un informe alentador acerca de la conducta de los corintios. Fue entonces que Pablo les escribió esta segunda epístola probablemente entre el año 54 y 57, quizás desde la ciudad de Filipos o desde Éfeso, dónde Pablo vivió tres años (Hechos 20:31).

Propósito: La carta muestra que no puede haber comunión entre la iglesia y el mundo y hace énfasis sobre el hecho de que la iglesia es creación del Espíritu Santo. Fue escrita con doble propósito: Para consolar a algunos que habían quedado entristecidos por el contenido de la primera carta, y para defender su autoridad apostólica y su carácter ante aquellos que lo criticaban.

Gálatas: El tema central de la carta es la defensa de la doctrina de la justificación por la fe. Algunos creyentes dudaban y querían regresar a la religión judía. La salvación en el judaísmo dependía de la obediencia a la ley de Moisés. Esto ya no iba de acuerdo a la enseñanza de Jesús. La obediencia a la ley de Moisés no salva, ni provee vida eterna. La salvación se obtiene sólo por la fe en Jesucristo. Ya no había necesidad de practicar la circuncisión o de hacer sacrificios de animales para ser perdonados del pecado o de guardar la multitud de leyes farisaicas.

Fecha y lugar: Escrita entre el año 48 y 50 desde Antioquía a los de la iglesia en Galacia.

Propósito: En esta carta se presenta el conflicto entre el judaísmo y el cristianismo. Pablo refuta la enseñanza de los maestros judaizantes quienes orientaban a los cristianos a volver a la "esclavitud de la ley farisaica" y cumplir con todos sus requerimientos, como el de circuncidarse. Pablo afirma que volver a vivir de esta manera es negar la libertad que tenemos en Cristo. La carta enseña que el cristiano es perdonado y recibido como hijo de Dios por la fe, no por cumplir con ciertas normas de conducta. El Espíritu Santo les había dado nueva vida (espiritual), por lo tanto, los rituales del Antiguo Testamento ya no eran necesarios, sino que ahora debían vivir en santidad como Cristo.

Efesios: El tema es la unidad de la iglesia y el propósito de Dios para ella.

Fecha y lugar: Escrita en Roma en el año 60-64 d. C.
Propósito: Enseñar sobre la unidad de la iglesia, especialmente entre los creyentes judíos y gentiles. Dios había determinado que los gentiles

---

Filipos: *Ciudad importante de Macedonia, sobre la carretera que unía el oriente y el occidente. Era célebre por sus minas de oro.*

Contenido de 2 Corintios:
1. Una mirada hacia atrás (1:1 - 2:13).
2. La dignidad y efectividad del ministerio de Pablo (2:14 - 7:1-16).
3. La colecta de la ofrenda (8 y 9).
4. La defensa de Pablo de su apostolado (10:1-13:14).

Contenido de Gálatas:
1. El apóstol de la libertad (1-2).
2. La doctrina de la libertad (3-4).
3. La vida de libertad (5-6).

Éfeso: *Ciudad más importante de la provincia romana de Asia, ubicada en lo que hoy se conoce como Turquía. Fue un puerto muy importante.*

fueran adoptados como sus hijos, al igual que los judíos. Ellos ahora disfrutaban de las mismas bendiciones en Cristo y ambos formaban un solo pueblo, el pueblo de Dios.

La unidad de la iglesia como Cuerpo de Cristo es el tema principal de esta carta, en la que se reconocen dos secciones: la doctrinal, dónde se hace énfasis en las bendiciones espirituales y la iglesia universal (1-3) y una sección práctica dónde Pablo enseña la manera en que la iglesia debe andar (4-6).

Filipenses: El tema central es el gozo de la vida y el servicio cristiano, manifestado bajo toda circunstancia.

Fecha y lugar: Escrita en Roma, en el año 60-64 d.C. cerca de la fecha del martirio de Pablo.
Propósito: Pablo expresa su gratitud por el amor de los hermanos de Filipos hacia él y por la ofrenda que le enviaron. En esta carta enseña que aquellos que son cristianos deben manifestar un carácter semejante al de Cristo -aún en medio del sufrimiento, quien con humildad y sacrificio voluntario, se entregó por nosotros.

Colosenses: El tema consiste en contrarrestar ciertas enseñanzas erróneas y peligrosas.

Fecha y lugar: Escrita en Roma entre los años 60-64 d.C. y fue dirigida a la iglesia de Colosas, en Asia Menor.
Propósito: Esta carta rebate los errores doctrinales que surgían de la mezcla de la enseñanza del judaísmo con las religiones orientales y la ideas que luego en el siglo II van a dar lugar al gnosticismo, una de las mayores herejías que la iglesia enfrentó en su historia. En sus enseñanzas afirmaban que para ser salvo se requería de un conocimiento superior revelado en secreto a un círculo privilegiado y que había que llevar una rigurosa vida de abstención de los placeres de la carne, porque lo material es malo y opuesto al espíritu. Un rasgo característico de estas enseñanzas era la adoración a los ángeles (2:18), pues se creía que los ángeles podían liberar a las personas de las limitaciones de su cuerpo material y pecaminoso.

1 Tesalonicenses: El tema es la segunda venida de Cristo en relación al ánimo, consuelo, vigilancia y santificación del creyente.

Fecha y lugar: Escrita en el año 51 d.C. y enviada desde Corinto a Tesalónica.
Propósito: Es una carta de tipo personal dónde Pablo procura animar y tranquilizar a los cristianos de Tesalónica, dar gracias a Dios por las buenas noticias que le llegan de ellos y recordarles su pronta visita. Les insta a vivir de modo que agraden a Dios. Responde a las inquietudes de ellos respecto a la venida del Señor como ser, ¿cuándo volverá a venir? y ¿qué será de los cristianos que han muerto antes de su venida? Termina con instrucciones prácticas, una oración y saludos.

Contenido de Efesios
1. Llamamiento de la iglesia (1-3).
2. La manera de conducirse de la iglesia (4-6).

Contenido de Filipenses:
1. Situación y trabajo de Pablo en la iglesia (1).
2. Ejemplos de abnegación (2).
3. Amonestación en contra del error (3).
4. Exhortaciones.

Contenido de Colosenses:
1. Saludos (1:1-12).
2. La verdadera doctrina (1:13-2:3).
3. La falsa doctrina (2:4-23).
4. La conducta requerida (3:1-4:6).
5. Conclusión (4:7-8).

Apostasía: Palabra griega que significa caer en rebelión. Apóstata: persona que después de haber sido cristiana, rechaza la fe y la abandona para volver al pecado y practicar otra religión.

Colosas: Ciudad cercana a Laodicea (hoy Turquía) de dónde procedían varios colaboradores de Pablo y había una comunidad cristiana. Un terremoto la destruyó en 65 d. C.

Tesalónica: Ciudad importante de Macedonia (hoy Grecia) famosa por sus baños de aguas termales. Localizada en una importante ruta de comercio y con una población multicultural. Pablo fundó allí una iglesia en su segundo viaje misionero. Actualmente se llama Salónica.

Contenido de 1 Tes.:
1. Esperanza para el recién convertido (1).
2. Esperanza para los siervos fieles (2).
3. Esperanza de pureza para el creyente (3:1 a 4:12).
4. Esperanza para los afligidos (4:13-18).
5. Alerta al cristiano que está dormido (5).

Contenido de 2 Tes.:
1. Los creyentes perseguidos (1: 1-7).
2. Los no arrepentidos (1:8-12).
3. La apostasía (2:1-12).
4. El servicio (2:13-3:18).

Contenido de 1 Timoteo:
1. Sana doctrina (1).
2. Oración y consejos a hombres y mujeres (2).
3. Vigilancia espiritual (3).
4. Falsa doctrina (4).
5. La administración ministerial (5).
6. Exhortaciones finales (6).

Creta: Una gran isla en el mar Mediterráneo, mayoritariamente montañosa, al SE de Grecia. Era la tierra de origen de los filisteos. Sus habitantes tenían fama de mentirosos, glotones y ociosos (Tito 1:12).

2 Tesalonicenses: El tema central es la segunda venida del Señor en su relación a los creyentes perseguidos, los pecadores sin arrepentimiento y la iglesia apóstata.

Fecha y lugar: Escrita en el año 51-52 d.C., y enviada desde Corinto a Tesalónica.

Propósito: Es evidente que ciertas expresiones de la primera carta de Pablo a esta iglesia habían sido mal interpretadas. Cuando se había referido a la incertidumbre del día de la venida de Cristo, sus palabras habían sido entendidas como si hubiera enseñado que el día del Señor estaba cerca.

Pablo escribe por tres razones. Primero, para consolar a los creyentes durante la persecución. Segundo, para corregir una falsa enseñanza con respecto a que el día del Señor ya había venido y por eso la tribulación ya había empezado. Tercero, para amonestar a algunos que andaban desordenadamente y se negaban a trabajar mientras esperaban la venida inmediata del Señor, por lo que se aprovechaban de la caridad de la iglesia y exigían que los hermanos con más dinero los mantuvieran.

1 Timoteo: El tema central es describir las cualidades y deberes del pastor, y sus relaciones con la iglesia, su familia y la sociedad.

Fecha y lugar: Escrita probablemente entre el año 63 y 65 d.C., y enviada desde Macedonia a Éfeso para Timoteo.

Propósito: La carta fue escrita para enseñar a Timoteo acerca de su ministerio, animarlo y advertirle en contra de los falsos maestros.

2 Timoteo: El tema es exhortar a Timoteo para que permanezca fiel a su llamado y firme ante los obstáculos.

Fecha y lugar: Escrita entre el 67 y 68 d.C., enviada de Roma a Éfeso. Se cree generalmente que Pablo estuvo encarcelado dos veces en Roma, y que fue durante la segunda vez que escribió esta carta.

Propósito: El de animar e instruir a un pastor y maestro joven en su labor ministerial.

Tito: El tema es cómo ejercer liderazgo espiritual sobre varias congregaciones y la fidelidad de la iglesia verdadera de Cristo.

Fecha y lugar: Escrita por el año 63 a 65 d.C., y enviada desde Grecia o tal vez Corinto a Creta para Tito, un gentil que había acompañado a Pablo en varias ocasiones.

Propósito: Esta carta se centra en la conducta correcta del líder espiritual que supervisa y dirige el trabajo de varios pastores y sus iglesias. Exhorta a Tito para que instruya al pueblo cristiano en las verdades del evangelio para llevarlo a la madurez espiritual.

Filemón: La epístola a Filemón es un testimonio breve, pero poderoso, sobre el poder transformador que tienen la fe, el perdón y la libertad en Cristo. Esta carta nos enseña que la regeneración espiritual produce justicia social.

Fecha y lugar: Escrita entre el año 60 y 62 d.C. Enviada de Roma a Colosas para Filemón.

Propósito: Apelar ante el cristiano Filemón a favor de Onésimo, su esclavo ladrón y fugitivo, que ahora se había convertido al cristianismo y deseaba rehacer su vida. Filemón era un miembro de la iglesia de Colosas, la cual probablemente se reunía en su casa. Pablo le ruega que perdone a su nuevo hermano en Cristo y lo reciba en su casa como tal.

Temas de las cartas paulinas

Romanos	La Salvación es por la fe
1 Corintios	Contra las divisiones en la iglesia
2 Corintios	Pablo defiende su ministerio
Gálatas	Contra el legalismo
Efesios	La unidad en Cristo
Filipenses	Gozo en medio del sufrimiento
Colosenses	Vida nueva en Cristo
1 Tesalonicenses y 2 Tesalonicenses	La segunda venida de Cristo
1 Timoteo y 2 Timoteo	Consejos para un pastor joven
Tito	Instrucciones para los líderes en Creta
Filemón	Pablo pide a Filemón que reciba a Onésimo, un esclavo fugitivo, como un hermano

Timoteo: Joven cristiano de padre griego y de madre judía, probablemente convertido durante el primer viaje de Pablo a Listra. Fue un fiel colaborador de Pablo quien le confió diversas tareas: en Tesalónica, en Corinto y otros lugares.

Contenido de 2 Timoteo:
1. Saludos y exhortación (1).
2. Consejos al joven siervo del Señor (2).
3. Predicciones de apostasía y corrupción social (3).
4. Encargos finales (4).

Contenido de Tito:
1. La organización y la disciplina de la iglesia (1).
2. La sana doctrina y las buenas obras (2).
3. Instrucciones adicionales (3).

Contenido de Filemón:
1. Saludo y elogio (1:1-7).
2. Intercesión por Onésimo (1:8-21).
3. Saludos y bendición (1:22-25).

Tito: cristiano griego discípulo de Pablo (Tito 1:4) y ayudante en su labor misionera. Durante el tercer viaje misionero le asignó tareas en Corinto (1 Corintios 1-6 y 2 Corintios 2:13; 7:5-16). Posteriormente lo dejó en Creta para organizar las iglesias (Tito 1:4,5).

¿Qué Aprendimos?

Pablo escribió cartas a las iglesias que fundó en diferentes ciudades del imperio con el propósito de enseñar la sana doctrina, sobre la naturaleza y organización de la iglesia y también para corregir desviaciones, conductas y hábitos pecaminosos entre los cristianos y las cristianas.

Actividades

Tiempo 20'

INSTRUCCIONES:

1. ¿Qué aspecto le ha impactado de la vida y ministerio del apóstol Pablo?
   _____
   _____

2. En varias de sus cartas Pablo enseña que la iglesia es el Cuerpo de Cristo. ¿Cómo explicaría esta verdad en sus propias palabras?
   _____
   _____
   _____
   _____

3. Compare la situación que se daba en la iglesia de Corinto con las iglesias cristianas de su contexto.
   _____
   _____
   _____
   _____

4. En muchas de sus cartas Pablo combate doctrinas torcidas que diseminaban dudas y confusión en los cristianos. ¿Puede mencionar algunas teologías engañosas que se han difundido en los últimos años? Por ejemplo: Teología de la prosperidad.
   _____
   _____
   _____
   _____

5. Conforme a las instrucciones de Pablo a Tito y Timoteo ¿Cuál es la responsabilidad de los líderes espirituales en cuanto a combatir estas enseñanzas que desvían y confunden a los creyentes?
   _____
   _____
   _____
   _____

Lección 8

Las Epístolas generales y Apocalipsis

Objetivos

- Conocer la enseñanza de las Epístolas Generales y el Apocalipsis.
- Valorar su mensaje para nuestros tiempos.
- Describir los aspectos generales de cada libro.

Ideas Principales

- Las Epístolas Generales o universales reciben ese nombre porque no tienen un destinatario definido o específico.
- El libro de Apocalipsis contiene la revelación de Jesucristo al apóstol Juan acerca de los últimos tiempos y su segunda venida.

Introducción

Además de las 13 cartas de Pablo, el Nuevo Testamento contiene una serie de cartas escritas por otros apóstoles. Estas cartas se conocen como las Epístolas Generales o universales porque la mayoría de ellas no tiene un destinatario claramente identificado.

Con la excepción de las cartas 2 y 3 de Juan, donde los destinatarios sí son identificados, las demás cartas se dirigen a todas las iglesias y por ello sus enseñanzas son más generales. Por ejemplo: Santiago escribe "a las doce tribus que están en la dispersión" (Santiago 1:1), lo cual designa a los creyentes de todas partes. De igual modo 1 Pedro se dirige "a los expatriados de la dispersión en el Ponto, Galacia, Capadocia, Asia, y Bitinia," es decir a todas las iglesias en esas regiones. Por este motivo los nombres que llevan las epístolas generales es el de sus autores, en lugar de los nombres de los destinatarios.

En general, podemos decir que Santiago y 1 Pedro tratan temas relativos a la ética cristiana y llaman a los creyentes a un santo caminar con el Salvador. La carta 2 de Pedro y Judas son escatológicas, advierten a los creyentes sobre la enseñanza de falsos maestros y los animan a defender la verdad del evangelio. Hebreos y las Epístolas de Juan son principalmente cristológicas y éticas, llaman a los cristianos a permanecer en Cristo, ya que Él es la revelación final de Dios y el cumplimiento del pacto del Antiguo Testamento.

Ética cristiana: La ética en general es la ciencia que se ocupa en determinar lo que es bueno y correcto tanto a nivel personal, como social. La ética cristiana se ocupa de proveer orientación sobre lo bueno y correcto basada en las enseñanzas y valores enseñados en la Biblia.

Escatología: El término viene del griego y significa "últimos acontecimientos". La escatología cristiana es una rama de la teología que estudia la enseñanza bíblica sobre la vida después de la muerte y los acontecimientos relacionados a la segunda venida de Cristo y al establecimiento pleno de su Reino.

Aspectos literarios

Las Epístolas Generales contienen doctrina y guía para la vida cristiana.

Las Epístolas Generales complementan la enseñanza de las doctrinas Paulinas. En cada una de ellas los apóstoles que estuvieron con el Señor durante su ministerio, refuerzan y amplían las enseñanzas de Pablo y las relacionan con aspectos prácticos de la vida cristiana.

El tema de **Hebreos** es la doctrina de Cristo, la cual es superior al judaísmo en comparación al pacto, al sumo sacerdote, al sacrificio y al tabernáculo.

Autor y fecha: La carta es anónima. Ha sido atribuida a Pablo, a Bernabé, a Lucas y Apolos, entre otros. Se escribió probablemente entre los años 60 a 70 d.C., se desconoce el lugar donde fue escrita. Fue dirigida a un grupo de judíos cristianos del siglo I, que al parecer estaban considerando abandonar la fe cristiana.

Propósito: La carta fue escrita con el propósito de evitar que los judíos cristianos se volvieran al judaísmo.

El tema de la epístola de **Santiago** es la religión práctica, manifestada en las buenas obras, en contraste con la sola declaración de fe.

Autor y fecha: Santiago el apóstol, sirvió como uno de los guías de la iglesia en Jerusalén. Según Josefo fue muerto por orden del Sanedrín en el 62 d.C. La fecha probable en que escribió esta carta es entre los años 40 y 50 d.C., en Jerusalén.

Propósito: Santiago escribió esta carta para exhortar a los creyentes a vivir en obediencia a la verdad revelada en Jesucristo y demostrar su fe viva por medio de sus actitudes y acciones. Santiago advierte que negarse a cambiar su carácter y conducta es síntoma de una fe muerta.

1 Pedro: El tema central de la epístola es la victoria sobre el sufrimiento como fue ejemplificada en la vida de Cristo.

Autor y fecha: El apóstol Pedro. Probablemente entre los años 60 y 64 d.C., tal vez en Roma. Fue escrita para los cristianos esparcidos en Asia Menor. Probablemente se dirigió a todo el cuerpo de cristianos en esa región, tanto judíos como gentiles.

Propósito: Al escribir esta carta, Pedro obedeció dos órdenes específicas que Jesús le había dado: dar ánimo y fortaleza a los hermanos y alimentar el rebaño de Dios. Se alienta a los creyentes a estar firmes durante el sufrimiento y se les exhorta a vivir en santidad.

2 Pedro es una advertencia acerca de los falsos maestros y del estilo de vida no santa.

Autor y fecha: El apóstol Pedro entre el año 64 a 68 d.C., tal vez en Roma. La carta va dirigida a un amplio círculo de cristianos de la iglesia primitiva.

Propósito: En esta segunda carta, Pedro habla de la amenaza de unos falsos maestros que pretendían corromper a los creyentes, tanto en doctrina como en práctica.

1 Juan es una amonestación en contra de la enseñanza falsa y un llamado a dar testimonio por medio de la práctica de la piedad como expresión visible de la fe.

Autor y fecha: Escrita por Juan el apóstol alrededor del 95 d.C. Fue dirigida a varias comunidades cristianas.

Lección 8 - Las Epístolas generales y Apocalipsis

Contenido de Hebreos:
1. La superioridad de Jesús (1-4).
2. Sacerdocio de Cristo (5-10).
3. Fundamentos de una vida mejor (11-13).

Contenido de Santiago:
1. La religión verdadera (1 y 2).
2. El falso cristianismo (3 y 4).
3. Enseñanzas finales (5).

Contenido de 1 Pedro:
1. La salvación gloriosa (1: 1-21).
2. La vida del creyente a la luz de la gran salvación (1:21- 2:8).
3. Posición y deberes de los creyentes (2:9-3:13).
4. Instrucciones y estímulos acerca del sufrimiento (3:14-4:19).
5. Exhortaciones y advertencias finales (5).

Contenido de 2 Pedro
1. La vida espiritual (1).
2. Los falsos maestros y sus doctrinas (2).
3. Acerca del día del Señor (3).

Cristológicas: Doctrinas de la iglesia cristiana relacionadas a la naturaleza de Cristo, como ser su existencia eterna, su encarnación, su doble naturaleza divina humana, su deidad, su rol dentro de la salvación provista por Dios, entre otros.

Piedad: del griego eusébeia que significa "semejanza a Dios". Indica una vida que va más allá de una religión formal o una moralidad cristiana. "La piedad se deriva de una unión vital con el Dios justo por la presencia y capacitación del Espíritu Santo en la vida del cristiano. Piedad significa una actitud correcta hacia Dios y el hombre, con la conducta cristiana apropiada." Algunas versiones bíblicas traducen "santidad". (Diccionario Teológico Beacon 1995: 525).

Contenido de 1 Juan:
1. La encarnación (1:1-10).
2. La vida del creyente (2:1-4:6).
3. El amor y el triunfo de la justicia (4:7-5:5).
4. La seguridad de la vida eterna (5:6-21).

Contenido de 2 Juan:
1. Saludo (1-3).
2. Mandamiento del amor (4-6).
3. La fe en Cristo (7-11).
4. Despedida (12-13).

Contenido de 3 Juan:
1. Saludo (1).
2. Alabanza a Gayo (2-8).
3. Conductas opuestas (9-12).
4. Despedida (13-15).

Contenido de Judas:
1. Saludo (1:1-2).
2. Condenación de los herejes (1:3-23).
3. Alabanza final (1:24-25).

Propósito: El propósito de esta epístola es mostrar el carácter de Dios y poner en alerta a los cristianos acerca de los enemigos de Cristo, que enseñaban falsas doctrinas.

2 Juan: El tema es el amor entre cristianos y a la verdadera fe en Jesucristo, frente a los falsos maestros.

Autor y fecha: Escrita por el apóstol Juan probablemente entre el año 75 y 85. Se dirige a "la señora elegida y a sus hijos", se cree que es una manera simbólica de dirigirse a la iglesia.

Propósito: Al igual que la carta anterior, advertir sobre los falsos maestros y sus doctrinas y hacer un llamado al amor fraternal en la comunidad de fe.

3 Juan: El tema es la hospitalidad hacia los siervos de Dios y el peligro de tomar una actitud tirana o autoritaria como la de Diótrefes.

Autor y fecha: Escrita también por Juan en fecha es cercana a las dos cartas anteriores.

Propósito: Es una carta en la que se felicita y anima a un hermano en la fe para que continúe siendo hospitalario con aquellos a quienes otros rechazan. Advierte que quienes quieran practican la sana doctrina deben practicar también la hospitalidad cristiana con los hermanos en Cristo.

La carta de **Judas** trata el tema de la responsabilidad del cristiano de guardarse del pecado del mundo y de defender la sana doctrina, frente a enseñanzas y prácticas pecaminosas.

Autor y fecha: El autor se da a conocer como Judas, siervo de Jesucristo y hermano del apóstol Jacobo. Ya que Jacobo era hermano en la sangre del Señor, se da a entender que Judas también es el hijo de María que se menciona en Mateo 13:55 y Marcos 6:3. No se ha establecido una fecha exacta para la carta, pero sería después de la caída de Jerusalén, en año 70 d. C.

Propósito: Advertir sobre los maestros que enseñaban herejías o enseñanzas erróneas y animar a los hermanos a permanecer firmes en la fe.

Temas de las Epístolas Generales

Hebreos	La superioridad de Cristo
Santiago	La fe sin obras es muerta
1 Pedro y 2 Pedro	La esperanza en Cristo Jesús
1 Juan, 2 Juan y 3 Juan	Dios es luz y amor
Judas	Contra los maestros falsos
Apocalipsis	La victoria final en Cristo

El libro de Apocalipsis

Apocalipsis es el único libro profético del Nuevo Testamento.

Herejía: una división o secta sujeta a su propio liderazgo, que enseña desviaciones de la fe original.

Apocalipsis es una palabra de origen griego que significa "revelar, manifestar o descubrir" ya que contiene las visiones que Juan recibió de Jesucristo. Apocalipsis pertenece al género de literatura profética apocalíptica que se caracteriza por describir la historia en una forma simbólica. El Apocalipsis de Juan es cristiano pero toma muchos símbolos de la apocalíptica judía que se encuentran en los libros de Daniel, Zacarías y Ezequiel.

En el Antiguo Testamento, la literatura apocalíptica anima a Israel en tiempos de crisis nacional, elevando su esperanza hacia el triunfo mesiánico sobre los enemigos. Así Ezequiel, por ejemplo, escribió durante el sitio y caída del Reino del Sur. Las imágenes y simbolismo apocalíptico representan una realidad objetiva más allá de las imágenes. La literatura apocalíptica tanto del Antiguo como del Nuevo Testamento provee una filosofía de la historia describiendo en forma simbólica la lucha continua ente el bien y el mal, en tanto el mundo dure, con la garantía de que, aunque el mal va en aumento, Dios y su pueblo triunfarán al fin.

Diótrefes: No se sabe con certeza si era un miembro de la iglesia de Asia menor o un obispo que hacía abuso de autoridad. Se rehusaba a someterse a cualquier autoridad que no fuera la suya propia. Chismeaba del apóstol Juan con palabras malignas. Rechazaba e incluso expulsaba de la iglesia a los que Juan enviaba para hablar con él y aconsejarle (3 Juan 9-10).

CUADRO COMPARATIVO ENTRE PROFETAS Y APOCALÍPTICOS

Ítem	Profetas	Apocalípticos
1. Revelación del mensaje	Reciben el mensaje principalmente mediante la palabra interior; encargos y revelaciones que deben comunicar, las visiones para ellos ocupan un segundo lugar.	Obtienen las revelaciones de los misterios casi exclusivamente por visiones extáticas o en sueños.
2. Destinatario	Pueblo rebelde.	Pueblo fiel.
3. Propósito	Tratan de reformar al pecador. Buscan que el pueblo se arrepienta.	Procuran levantar la esperanza en la intervención escatológica de Dios en la historia humana.
4. Mensaje	-Promesa de destrucción y castigo a los rebeldes. -Evangelístico: Salvación por el Mesías venidero. -Veían la mano de Dios en la historia y su final. -Recompensa a los que aceptaron al Mesías.	-Describen la destrucción de los malvados. -Describen el triunfo final de Cristo en la historia.

Las visiones en Apocalipsis son de carácter simbólico y están relatadas al estilo de un gran drama que se desarrolla en varios actos y que tiene como escenario todo el universo y como protagonistas al Dios trino, Satanás, la Iglesia y los enemigos de la Iglesia. Se describen eventos futuros en los que el propósito salvífico de Dios para la humanidad triunfa sobre las fuerzas del mal. El libro llega hasta el fin de la historia y aun más allá.

Credo: Breve declaración que resume las creencias de la iglesia cristiana y que ha sido oficialmente reconocido.

Lección 8 - Las Epístolas generales y Apocalipsis

Gayo: Cristiano anciano al que Juan dirige su tercera carta, es posible que sea el mismo que fue compañero de Pablo en su viaje a Éfeso (Hechos 19:29).

Asia Menor: Región nombrada de esta manera por los griegos, que abarcaba una gran cantidad de estados. Su capital o principal ciudad era Éfeso. Actualmente Turquía.

Visiones de Juan: Las visiones que Juan relata en el libro de Apocalipsis no son un mero presentimiento, algo que una persona supone o intuye que va a suceder. La visión profética es un medio por el cual Dios revela su voluntad al profeta. La visión nunca puede ir en contra de la enseñanza de la Palabra (Hechos 7:38, Romanos 3:2). En la visión Dios permite al profeta "ver" lo que otros no ven, con relación a ciertos acontecimientos que ocurrirán en el futuro (semejante a como vemos hoy una proyección en una pantalla).

En el esfuerzo por comprender el libro han surgido diferentes escuelas de interpretación las cuales tratan de explicar su significado. Por el gran uso que Juan hace de imágenes y símbolos la interpretación se vuelve difícil. A continuación se mencionan tres de las formas en que se puede comprender el libro:

a. La interpretación preterista entiende que el libro narra acontecimientos de la época de Juan, por lo que no lo relacionan con nuestro tiempo presente o futuro. Afirman que Juan describe las persecuciones sufridas por los cristianos a manos de algunos de los emperadores romanos y que el libro fue escrito específicamente para consolar a la iglesia que estaba siendo perseguida durante ese tiempo.

b. La interpretación futurista enfatiza que la mayor parte del libro tiene que ver con el futuro y que las cosas descriptas en el mismo van a suceder antes de la segunda venida de Cristo.

c. La interpretación histórica considera que el propósito del libro es mostrar un panorama general del tiempo de la historia de la iglesia, desde los días de Juan hasta el fin. El libro brinda una serie de etapas por donde pasa la iglesia hasta llegar a la victoria final.

Autor y fecha: El libro fue escrito por Juan, el apóstol, quien se presenta a sí mismo como profeta. Hay dos fechas posibles para el libro. Una alrededor del 65 d.C, en el tiempo de la persecución de los cristianos por parte de Nerón. La otra alrededor del 95 d.C. durante la persecución de Domiciano. Fue escrito en la isla de Patmos, a donde Juan había sido deportado. El libro está dirigido a las iglesias del oeste de Asia Menor, del siglo I, pero su mensaje es para la iglesia en todo lugar y de todos los tiempos.

El propósito del libro es consolar y estimular a los cristianos en medio de las persecuciones presentes y futuras asegurándoles el triunfo final de Cristo y sus seguidores. Advertir a las iglesias sobre el descuido en la doctrina o la experiencia de santidad. Es el único libro profético del Nuevo Testamento, aunque en otros se hace referencia a la segunda venida del Señor y el final de los tiempos.

Los temas del Apocalipsis son: el día del Señor, el día del juicio, el castigo para los enemigos de Dios y de su pueblo, la salvación y recompensa para los que son fieles. Culmina con el anuncio de la restauración de la ciudad de Dios (la Jerusalén celestial), la recreación de la tierra y el restablecimiento pleno del reino de Jesucristo y su pueblo santo.

Bosquejo del libro de Apocalipsis

1. Prólogo, 1:1-8

2. Primera visión, 1:9-3:22

   - 7 cartas a las iglesias

3. Segunda visión, 4:1-16:21

   -7 sellos (6:1-8:1)
   -7 trompetas (8:2-14:20)
   -7 visiones del dragón y su reino (12:1-13:18)
   -7 copas de la ira (15:1-16:21)

4. Tercera visión, 17:1-21:8

   -7 visiones de la caída de Babilonia (17:1-19:10)
   -7 visiones del final (19:11-21:8)

5. Cuarta visión, 21:9-22:5

6. Epílogo, 22:6-21

Isla de Patmos: Lugar rocoso y sin árboles. En ese lugar Juan fue desterrado durante la persecución del emperador Domiciano en el 95 d. C. Allí Juan tuvo las visiones del libro de Apocalipsis.

Contraste entre Génesis y Apocalipsis

GÉNESIS	HISTORIA DE LA SALVACIÓN	APOCALIPSIS
Principio	Pecado, separación	Fin
El paraíso perdido Creación	Formación del pueblo de Dios	El paraíso recuperado Nueva Creación
Primer hombre en pecado	Jesucristo nos reconcilia con Dios	Hombre redimido de pecado
Principio de la maldición	El Espíritu Santo viene a habitar en los hijos de Dios y les enseña a vivir en santidad	Fin de la maldición del pecado
Promesa de redención Entrada de Satanás (Satanás suelto)		Redención cumplida Juicio a Satanás (Satanás atado)
Matrimonio del primer Adán	La iglesia, primicia de la nueva creación	Matrimonio del segundo Adán
Primeras lágrimas	El evangelio es predicado a toda criatura	Toda lágrima enjugada
Comunión interrumpida	La maldad va en aumento	Comunión restaurada
Dios: Creador soberano	La iglesia hace discípulos en todas las naciones	Dios; Gobernante soberano

Juan: Hijo de Zebedeo y Salomé, hermano de Jacobo el discípulo. Discípulo de Cristo, llamado también el discípulo amado, fue quien escribió el Evangelio de Juan y el libro de Apocalipsis.

¿QUÉ APRENDIMOS?

Las epístolas generales llevan el nombre de sus autores y contienen enseñanzas doctrinales y guía para la vida cristiana. El libro de Apocalipsis es la última profecía de la Biblia en la que Jesucristo revela a su Iglesia los acontecimientos que llevarán al triunfo final, dónde se concretarán los planes salvíficos de Dios para su pueblo, la instauración del gobierno de Cristo y la recreación de todas las cosas a su perfección original.

Domiciano: Emperador romano entre el 81 y 96, d.C. quien se caracterizó por varias atrocidades en particular por dirigir una persecución cruel en contra de los cristianos de esa época.

Actividades

INSTRUCCIONES:

1. ¿Qué se entiende por Epístolas Generales?

2. En la carta de Santiago se hace énfasis en que la fe sin obras es muerta. Luego de leer 1: 19-27 responda: ¿Estoy demostrando con mis hechos que mi fe es viva?

3. ¿Qué importancia tiene el estudio del libro de Apocalipsis para la iglesia en nuestros tiempos?

4. Formar 7 grupos. Cada grupo hará un estudio de una de las cartas de Cristo a las iglesias en Apocalipsis 2 y 3. (Si no son suficientes alumnos formar 3 o 4 grupos y cada uno toma dos o tres iglesias). Cada grupo completa su parte del siguiente cuadro y luego comparten con el resto de la clase.

Iglesia	Título simbólico de Cristo	Cualidades que se alaban	Crítica por las fallas	Palabras de promesa	Enseñanza para mi iglesia
ÉFESO					
ESMIRNA					
PÉRGAMO					
TIATIRA					
SARDIS					
FILADELFIA					
LAODICEA					

Evaluación Final

CURSO: LA BIBLIA Y SU MENSAJE

Nombre del alumno/a: _____
Iglesia o centro donde estudia: _____
Distrito: _____
Profesor/a del curso: _____
Fecha de esta evaluación: _____

1. Explique en sus palabras cómo le ayudó este curso a valorar nuestra Biblia.

_____
_____
_____
_____

2. Mencione algún tema del curso o lección que fue nuevo y provechoso para usted. Explique por qué.

_____
_____
_____
_____

3. Explique cómo este curso le ayudó a tener un conocimiento más amplio del contenido de la Biblia.

_____
_____
_____
_____

4. ¿Qué aprendió en la practica ministerial del curso?

_____
_____
_____

5. En su opinión ¿Cómo se podría mejorar este curso?

_____
_____
_____

Bibliografía

Libros:

Alexander, David (comp). Manual Bíblico Ilustrado. Miami, Florida: Caribe. 1 edición, 1981.

Boyd, Frank. La Biblia a su Alcance. Tomos 3, 4, 5, 6, 7, 8. Miami, Florida: Editorial Vida, 1972

Clyde T. Francisco. Introducción al Antiguo Testamento. El Paso, Texas. C. B. P., 1968.

Dana, H. E. El mundo del Nuevo Testamento. El Paso, Texas: C. B. P., 1970.

De Ausejo, Serafín. Diccionario de la Biblia. Barcelona: Herder, 1970.

Earle, Ralph. Cómo nos llegó la Biblia. Kansas City: C. N. P., 1975.

Earle, Ralph. Explorando el Nuevo Testamento. Kansas City: C. N. P., 1978.

Escobar, J.S. Padilla C.R., Yamauchi E.M. ¿Quién es Cristo hoy? Buenos Aires: Certeza. 1970.

Ellisen, Stanley A. Hacia el conocimiento del Antiguo Testamento. EEUU: Vida, 1990.

Evans, William. Esquema didáctico para el estudio de la Biblia. Barcelona: CLIE, 1990.

Francisco Clyde T. Introducción al Antiguo Testamento. El Paso: C. B. P., 1964.

Franco, Sergio. Aproximación al Estudio de la Biblia. Kansas, City: C. N. P., 1989.

Halley, H. Compendio Manual de la Biblia. EE.UU.: Moody, 1971.

Harrison, Everett. Introducción al Nuevo Testamento. Grand Rapids, Michigan: Libros Desafío, 1980.

Hester, H. I. Introducción al Nuevo Testamento. El Paso: C. B. P., 1963.

Hoff, Pablo. El Pentateuco. Deerfield, Florida: Vida, 1978.

_____ Libros históricos. Deerfield, Florida: Vida, s/f.

Lasor, William Sanford (et.al.). Panorama del Antiguo Testamento. Buenos Aires: Nueva Creación, 1995.

Lockward, Alfonso (Ed.). Nuevo Diccionario de la Biblia. Miami: Unilit, 1992.

Mears, Henrietta. Lo que nos dice el Nuevo Testamento. Miami, Florida:Vida, 1979

Packer, James. La vida diaria en los tiempos bíblicos. Miami: Florida:Vida, 1982

Pearlman, Myer. A Través de la Biblia Libro por Libro. Miami,Florida:Vida, 1952.

Pietrantonio, Ricardo. Itinerario Bíblico.Vol 1. Buenos Aires: La Aurora, 1985.

Purkiser, W.T. Explorando el Antiguo Testamento. Kansas City: C. N. P., 1986.

Rand, W. El Diccionario de la Santa Biblia. San José, Costa Rica: Caribe, s/f.

Sánchez, Edesio. ¿Qué es la Biblia?. Buenos Aires: Kairós, 2003.

Sanchez, Edesio (Ed). Descubre la Biblia. EE.UU. Sociedades Bíblicas Unidas, 1998.

Taylor, Richard S. (Ed.). Diccionario Teológico Beacon. Kansas City: C.N.P., 1995.

Tenney, Merrill. Nuestro Nuevo Testamento. Grand Rapids, Michigan: Portavoz, 1973.

Trenchard, Ernesto. Introducción al estudio de los cuatro evangelios. Inglaterra: Literatura Bíblica, s.f.

Ugalde, Carlos. Introducción al Antiguo Testamento. Material no editado.

_____. Introducción al Nuevo Testamento. Material no editado.

Vine, W.E. Diccionario Expositivo de palabras del Antiguo y Nuevo Testamento exhaustivo de Vine. Nasville, Tennessee: Grupo Nelson, 2007.

Yates, Kyle M. Los profetas del Antiguo Testamento. El Paso, Texas: C. B. P., 4ta. edición, 1981.

Páginas web:

Varetto, Juan C. La Biblia del oso. Sociedades Bíblicas Unidas. Recuperado el 20 de abril 2010 de http://labibliaweb.com/la-biblia-del-oso.

www.ingramcontent.com/pod-product-compliance
Lightning Source LLC
Chambersburg PA
CBHW080941040426
42444CB00015B/3406